Bernhard Mosler · Die mächtigste Frage des Jahrhunderts

AF222642

Bernhard Mosler

# Die mächtigste Frage des Jahrhunderts

Satz und Layout: Buch&media GmbH, München
Umschlaggestaltung: Kay Fretwurst, Freienbrink
Herstellung u. Verlag: Books on Demand GmbH, Norderstedt
Printed in Germany
ISBN 978-3-8448-5285-1

# Inhalt

# Einführung

**Weshalb nach der mächtigsten Frage des Jahrhunderts suchen?**

Macht haben zu wollen, ist ein Merkmal der biologischen Organisation, die dem Menschen vorgegeben ist. Je weniger er diese Bedingung seines Daseins akzeptiert, umso mehr verzichtet er darauf, das ihm Mögliche für sein persönliches Dasein und dasjenige anderer Menschen, denen er sich verbunden fühlt, zu tun. Macht über Nahrungsmittel, Macht, sich in einer Umgebung aufzuhalten, die ihm die Aufrechterhaltung seiner Körperfunktionen erlaubt, braucht jeder Mensch. Sonst geht er zugrunde.

Er existiert in einem offenen System und kann sich niemals ganz sicher sein, ob und wann etwas Übermächtiges seine Existenz bedroht oder vernichtet. Dies kann ihn dazu veranlassen, über die Sicherstellung des für die nächsten Stunden dringendst Notwendigen hinaus möglichst viel kontrollieren und beherrschen zu wollen. Er bemüht sich darum, Details, Regelmäßigkeiten und Zusammenhänge unserer Welt immer genauer zu begreifen. Soweit er Beständiges im Kosmos versteht, kann er mit größerer Wahrscheinlichkeit eingrenzend vorhersagen, was ihm die Zukunft bringt. Einiges von dem, was er herausfindet, eröffnet ihm die Möglichkeit, technisches Gerät zu entwickeln, dessen Anwendung seine Existenz komfortabler zu machen verheißt, mit dem er seinen Einfluss erweitern möchte.

Mit den zunehmenden Interdependenzen von Menschen über territoriale Grenzen hinweg wird das Leben für den Einzelnen oft noch unübersichtlicher. Er hat noch mehr Grund, so viel wie möglich kontrollieren zu wollen, um von nichts, dem er wirksam vorbeugen kann, in seiner Existenz gefährdet zu werden.

Waffenhandel ist ein internationales Geschäft. Keine Behörde hat einen einigermaßen vollständigen Überblick darüber, in wessen Verfügung welche Arten von Waffen in welchen Mengen geraten. Kleinwaffen gibt es besonders viele. Sie sind relativ preisgünstig zu erwerben, können relativ leicht an fast jeden Ort der Erde transportiert werden und sind verhältnismäßig einfach zu bedienen. Solche Waffen können an vielen Stellen, wo Menschen sich gerade aufhalten, zum Einsatz gelangen. Mit ihnen können Terroranschläge verübt werden. Auch wenn die Zahl der zum Terrorismus bereiten Menschen verhältnismäßig klein ist, können sich alle anderen von ihnen bedroht fühlen, weil außer den Tätern niemand weiß, für welchen Ort gerade der nächste Terroranschlag vorbereitet wird. Entsprechend viel wird in die Gefahrenabwehr investiert – begrenzte Mittel an Geld, Arbeitszeit von Menschen und Material, die teilweise nur aufgebracht werden können, indem man sie anderen Vorhaben entzieht. Wenn eine Regierung aus Terroranschlägen den Anspruch ableitet, geltendes Recht ignorierend, jeden, von dem sie meint, er könnte eine Gefahr für ihren Staat darstellen, an jeder Stelle der Erde der Freiheit berauben oder ermorden zu dürfen, dann nährt diese Regierung mit ihrer Vorgehensweise eher Befürchtungen von Menschen auf der ganzen Welt, von einer zusätzlichen Quelle bedroht zu sein, als dass sie mit ihrer Vorgehensweise nachhaltig künftigen Terroranschlägen den Boden entzieht.

Besonders die auf wissenschaftlicher Grundlage technisch hoch entwickelten Staaten haben ihre Funktionsfähigkeit in zurückliegenden Jahren so weitgehend von Computertechnik abhängig gemacht, dass bei einem plötzlichen Ausfall wesentliche Teile des öffentlichen Lebens zusammenbrechen können, wodurch viele Menschen sehr schnell in ihrer Existenz gefährdet wären. Angriffe auf die Funktionsfähigkeit computergestützter Abläufe im staatlich organisierten wie privatwirtschaftlichen und privaten Dasein können von jedem Platz der Erde aus unternommen werden. Keine Regierung ist in der Lage, ihre Bevölkerung zuverlässig vor solchen Angriffen zu schützen.

Menschen setzen viel Technik ein, die sie vielleicht beherrschen, vielleicht aber auch nicht. Soweit es bisher gut gegangen ist, lassen Regierungen dies geschehen, auch wenn die Entscheider zu wenig davon verstehen. Kommt es zu einem folgenschweren Unfall, weil Experten eine bestimmte eingesetzte Technik nicht hinreichend beherrschen, dann sind auch Regierungen und ihnen nachgeordnete Institutionen nicht unbedingt dazu fähig, die Leidtragenden in einen Zustand zu versetzen, als ob es den Unfall nicht gegeben hätte.

Unter diesen und anderen Bedingungen der die ganze Erde umfassenden Möglichkeiten von Menschen, einander zu beeinflussen, und der in vielen Zusammenhängen beobachtbaren unzulänglichen Fähigkeiten der Regierungen, etwas Wirksames zu tun, um ihre Völker wirksam vor Schäden zu schützen, erscheint es konsequent, danach zu fragen, was vom geistigen Fortschritt im 21. Jahrhundert die größte Bedeutung für das Denken und Entscheiden der einzelnen Menschen erlangen wird. Dies ist auch das Mächtigste von allem, was zum geistigen Umgang mit den Herausforderungen des Alltags neu dazu kommt. Es ist das, was für die vielen einzelnen Menschen und Gruppen in ihren jeweiligen Situationen besonders lohnend sein kann, auf seine Nützlichkeit zur Eindämmung des ihnen bedrohlich Erscheinenden und zur Verwirklichung ihrer Vorhaben hin geprüft zu werden.

## Eingrenzung der Suche

Unübersichtlichkeit von Lebensbedingungen in einem offenen System, Bedrohtsein durch Terrorismus, durch Störungen in existentiell wichtig gewordenen Computer-Anwendungen, durch Unfälle im Zusammenhang mit nicht hinreichend beherrschter Anwendungstechnik und andere, von Menschen herbeigeführte, das Dasein von Menschen gefährdende Risiken: Eine Überschrift, unter der wirksame Maßnahmen zur Reduzierung solcher zum Teil sehr unterschiedlicher Gefahren zusammengefasst werden könnten, würde etwas Mächtiges beinhalten. Gibt es diese Überschrift, dann lässt sie womöglich den Rückschluss auf die mächtigste Frage zu. Als Überschrift, die Maßnahmen zur Reduzierung der Risiken zusammenfasst, könnte sich *Erhöhung der öffentlichen Sicherheit* eignen. Probieren wir diese Überschrift aus und formulieren daraus die allgemeine Frage: Wie ließe sich die öffentliche Sicherheit für die Teilnehmer eines Staates erhöhen?

Zunächst einmal ist festzustellen: In unserer Staatenwelt sind territoriale Grenzen in vielen Hinsichten an vielen Stellen immer durchlässiger geworden. Dies wird sich möglicherweise in die Zukunft hinein fortsetzen. Folglich müsste die öffentliche Sicherheit für die Angehörigen vieler Staaten, für mehrere Milliarden Menschen erhöht werden, um deutlich mehr öffentliche Sicherheit für die Teilnehmer eines Staates zu erlangen, auch wenn dieser nur relativ wenige Teilnehmer zählt. Individuelle Freiheiten müssten eingeschränkt und vieles verboten werden, das für einige Menschen ein Schadensrisiko beinhaltet. Dies ließe sich rigoros genug in keiner repräsentativen Demokratie, nur in einer Diktatur verwirklichen und führt zu der Frage: Gibt es eine Konzeption des Regierens, die bereits Bekanntes an Effizienz hinsichtlich der Kontrolle der Bevölkerung übertrifft und die es einem Diktator ermöglicht, die öffentliche Sicherheit für mehrere Milliarden Menschen zu erhöhen? Gewiss kann ein Diktator viel Macht auf andere Menschen ausüben. Aber wie auch immer die Antwort ausgestaltet sein würde, ist schon von vorneherein klar, dass kein Diktator mit der neuen Konzeption so mächtig werden könnte, die Frage danach zur mächtigsten, mit einem geistigen Fortschritt verbundenen Frage des Jahrhunderts zu erheben. Dafür sind dem Potential eines Diktators, Macht über andere Menschen erlangen zu können, zu enge Grenzen gesetzt. Die unüberwindliche Begrenzung seiner Macht liegt darin, dass er zwar vielen Menschen seiner Zeit auf verschiedene Weisen seinen Willen aufzwingen kann. Aber ihm fehlt das Aufsichtspersonal, mehrere Milliarden Menschen Tag und Nacht unter Druck zu setzen. Er müsste sie also dazu bewegen, aus eigenem Entschluss Dinge zu tun, die seinem Willen, öffentliche Sicherheit zu erzeugen, entsprechen. Dafür müsste er in seinen Befehlen die biologische Organisation berücksichtigen, an die alle Menschen in ihrem Handeln gebunden sind. Die biologische Organisation schreibt dem einzelnen Menschen die längste Zeit seines Lebens vor, sich mit seiner Individualität in seiner Umgebung zu behaupten. Die Individualität des einzelnen Menschen führt dazu, dass auch sein Bezug zur Umgebung einzigartig ist. Dem Diktator fehlt aber bei den meisten Menschen der Einblick, was für Möglichkeiten diese in ihren individuellen Situationen haben, bestimmte Dinge zu tun, um seine Befehle an sie darauf abzustimmen. Lässt der Diktator alle umbringen, dann ist zwar das Problem der Bereitstellung hinreichender öffentlicher Sicherheit für Menschen gelöst, indem keine öffentliche Sicherheit mehr für sie gebraucht wird. Aber damit ist auch die Macht der Frage, auf die mit dem Mord an der Menschheit geantwortet wird, um all das beschnitten, was sonst beim Fortbestand der Menschheit im Zusammenhang mit ihr an Macht ausgeübt werden könnte. Die Frage ist also weniger mächtig, als eine Frage sein kann, die das weitere Dasein der Menschheit beinhaltet.

Wenn nicht die Frage danach, mit welcher Konzeption ein Diktator wesentlich effizienter als zuvor die öffentliche Sicherheit von mehreren Milliarden Menschen gewährleisten könnte, was dann ist die mächtigste Frage des Jahrhunderts? Setzen wir die Suche nach der Frage fort, indem wir weiter die Bedingungen ermitteln, die ihre Beantwortung erfüllen muss. Grundsätzlich gilt: Je mehr etwas dazu beiträgt, die Möglichkeiten des Daseins der größten Zahl von Menschen zu erweitern, umso mächtiger wirkt es sich auf die weitere Entwicklung der Menschheit aus. Deshalb darf das Beantworten der Frage den Eigeninitiativen der vielen einzelnen Menschen möglichst wenig Fesseln anlegen. Sonst unterdrückt die Frage in ihrer Beantwortung willkürlich menschliche Macht und scheidet als mächtigste Frage aus. Die mächtigste Frage muss demnach in ihrer Beantwortung einerseits die vielen individuellen Bezüge von mehreren Milliarden Menschen zu ihren Umgebungen mit berücksichtigen, andererseits aber auch das, wozu sich diese Menschen aus eigenem Urteil entscheiden, beeinflussen. Es gilt, die Frage zu finden, deren Antwort der größten Zahl von Menschen hinsichtlich irgendwelcher Sorgen das Dasein erleichtert, es komfortabler macht oder von etwas befreit, das sie als Problem empfinden. Es geht um etwas, das mehrere Milliarden Menschen aus eigener Überlegung gerne annehmen, weil sie darin einen Vorteil oder eine Chance für sich erkennen.

Je nachdem, wie ein Problem eines Menschen beschaffen ist, verbessert er seine Lage und seine Möglichkeiten zu handeln, indem er sich des Problems entledigt. Befassen wir uns also zunächst einmal mit der Frage: Was für Probleme haben Menschen? Da es unzählig viele sind, müssen wir uns auf die Beschreibung einiger weniger Probleme beschränken. Das bedeutet: Solche Probleme sind auszuwählen, die mutmaßlich sehr viele Menschen direkt oder über Zwischenglieder tangieren.

Die erste Bewährungsprobe für die gewählte Vorgehensweise wird sein, wie oft Leser existentiell wichtige Berührungspunkte für sich in den Darstellungen verschiedener Probleme erkennen. Die zweite Bewährungsprobe wird sein, ob daraus eine Frage zu formulieren ist, die alle Probleme der Liste einbezieht. Für je mehr Probleme der Liste das Erörtern der Frage einen plausibel erscheinenden Ansatz ihrer Linderung oder Lösung bietet, umso wahrscheinlicher ist die Frage richtig gestellt. Ob es sich tatsächlich um die mächtigste, mit einem geistigen Fortschritt verbundene Frage des Jahrhunderts handelt, wird die erfolgreiche Umsetzung der Antworten in den Alltag vieler Menschen erweisen.

**Einwand:** Weshalb so umständlich eine Liste mit verschiedenen Problemen zusammenstellen, nach einem übereinstimmenden Merkmal der Probleme fahnden, und wenn man ein solches Merkmal gefunden hat, eine Frage formulieren, die darauf abzielt, das übereinstimmende Merkmal der Probleme zu beseitigen? Es geht doch einfacher: Man nimmt sich ein einzelnes Problem vor, beschreibt es, denkt sich eine Lösung aus und beseitigt das Problem. Dann widmet man seine Aufmerksamkeit der Lösung eines anderen Problems und geht im Prinzip genauso vor.

**Antwort:** Sich nur ein Problem auf einmal vorzunehmen, kann zur Überwindung des Problems führen. Wenn der gewünschte Erfolg ausbleibt, hat man möglicherweise nicht tief genug geschürft. Dann ist ein wesentlicheres Merkmal des Problems unangetastet geblieben. Auch wenn man sich immer wieder darauf konzentriert, das eingegrenzte Problem zu verstehen, stößt man vielleicht nie auf die größere Wurzel, die ihm zugrunde liegt. Sucht man hingegen unter verschiedenen Problemen ein übereinstimmendes Merkmal und wird fündig, dann ist dies ein Zeichen dafür, dass man zu einem tiefer liegenden Kern des Problems vorgestoßen, auf ein Problem größerer Bedeutung aufmerksam geworden ist. Stellt man dazu eine Frage, die auf die Überwindung des übereinstimmenden Merkmals abzielt, und findet eine passende Antwort darauf, so besteht die Aussicht, nicht bloß Symptome an der Oberfläche, sondern ein Stück der Wurzel oder die ganze Wurzel des Problems loszuwerden. Umfasst die Liste der Probleme, bevorzugt solche, die relativ viele Menschen betreffen und deren Beseitigung jeweils für sich allein bis hierhin nicht oder nur unzulänglich gelungen ist, so bedeutet das erfolgreiche Finden einer allen erörterten Problemen gemeinsamen Wurzel und die Beseitigung dieser Wurzel besonders viel. Der mächtigsten Frage des Jahrhunderts, die einen geistigen Fortschritt bedeutet, geht das Einkreisen einer besonders dicken Wurzel von Problemen voraus, einer Wurzel, die vielen Problemen zugrunde liegt und deren erfolgreiche Beantwortung entsprechend viel bewirkt. So kann die scheinbar umständlichere Herangehensweise sich als zielführender entpuppen, als nacheinander viele Probleme, jedes für sich allein, anzugehen. Darin liegt eine Chance. Wie weit sie trägt, soll bis zum Ende des Buches soweit eruiert werden, dass deutlich wird, ob es lohnend erscheint, auf diesem Weg weiterzugehen.

# Probleme

**Was dem einen Menschen als Problem erscheint, ist für den anderen vielleicht gar keines**

In diesem Buch soll nicht mehr als zum Verstehen notwendig von dem wiederholt werden, was schon andere Autoren in größerer Ausführlichkeit, als dies hier möglich wäre, zu einzelnen Problemen publiziert haben. Die folgenden Beschreibungen von Zuständen, Entwicklungen und Ereignissen nehmen nur wenig Bezug auf Quellen anderer Autoren, die untermauern könnten, dass es sich tatsächlich um Probleme handelt, die einer Anstrengung wert sind, gelöst zu werden. Denn noch so viele Quellenhinweise könnten einen solchen Beweis mit keiner überzeugenden Allgemeingültigkeit erbringen. Weshalb nicht?

Auf der Suche nach der Frage, deren Beantwortung den geistigen Entwicklungsschritt beinhalten soll, der Menschen im weiteren Verlauf des 21. Jahrhunderts die größte zusätzliche Macht verleihen wird, wäre nicht viel gewonnen, wenn dieses Buch mehr auf einzelne, in irgendeiner Hinsicht zu missbilligende Geschehnisse der Vergangenheit oder schadensträchtige Entwicklungen der Gegenwart eingehen würde. Denn auch wenn in Bezug auf manche Situationen, Entwicklungen und Ereignisse viele Menschen in ihrer Unzufriedenheit oder Ablehnung übereinstimmen, ist die Frage, was ein Problem ist, doch immer Ergebnis einer individuellen Bewertung. Was aus der Sicht eines Menschen ein Problem ist, muss nicht unbedingt auch einem anderen Menschen als Problem erscheinen. Jemand kann davon profitieren, dass ein anderer ein Problem hat. Wer beispielsweise seinen Lebensunterhalt mit der Herstellung von Streubomben verdient, sieht nicht unbedingt ein Problem in den Schäden, die seine Kunden mit den Bomben anrichten. Wer sich über Geschehnisse, die den Rahmen des eigenen erkannten Betroffenseins übersteigen, nicht informiert, kann meinen, es gebe da keine Probleme. Wer aus einer Distanz etwas registriert, das er für einen Miss-Stand hält, braucht dies nicht als sein Problem zu begreifen, das einzudämmen er sich veranlasst sehen müsste.

17

Jede neue Situation ist in ihrer Komplexität zumindest etwas anders als alle früheren Situationen. Wer in der Gegenwart handeln möchte, kann alle Bedingungen hervorheben, in denen sich die aktuelle von früheren Situationen unterscheidet und Übereinstimmendes, soweit vorhanden, ausblenden. Er kann denken, seine Situation sei in einem wesentlichen Aspekt anders als die früheren und so dem Bemühen ausweichen, aus vergangenem Geschehen Lehren für das eigene Verhalten in Gegenwart und Zukunft zu ziehen.

Jedes Problem, das auf den folgenden Seiten erwähnt wird, hat auch Profiteure, für die ein neues Problem entsteht, wenn es das hier beschriebene nicht mehr gibt. Aus so subjektiv unterschiedlichen Bewertungen, was ein Problem ist, führt nur ein Weg weiter: Sie selbst als Leser mit Ihrem Erfahrungshorizont und Ihrer individuellen Befindlichkeit entscheiden bei jedem behaupteten Problem, ob Ihnen dazu konkrete Bezüge einfallen, ob es Ihnen als tatsächliches Problem erscheint, das Sie gelöst sehen möchten. Ist hingegen das, was ein Text beschreibt, gar kein Problem für Sie, dann streichen Sie den Text aus der Aufzählung. Damit wäre die Liste zumindest für Sie schon etwas übersichtlicher. Einen mit Bleistift durch eine Textstelle gezogenen Strich können Sie leicht wieder entfernen, falls Sie später ihre Ansicht dazu noch revidieren möchten.

# 1
## Laien fehlt Kompetenz, die Experten nicht erbringen können

Vieles, das Menschen zu leisten wünschen, können sie in zufriedenstellender Qualität nur auf der Grundlage einer besonderen Ausbildung und/oder Erfahrung aus Tätigsein erbringen. So fährt ein Laie meistens besser damit, sich nicht für einen Alleskönner zu halten, sondern da, wo er etwas Bestimmtes erreichen will, sich aber nur wenig auskennt, bei Verfügbarkeit Dienste von Experten in Anspruch zu nehmen. Dies setzt allerdings ein großes Vertrauen des Laien in die Verlässlichkeit von Experten voraus. Das Vertrauen stützt sich oft auf den Nachweis des Experten, hinsichtlich seiner Befähigung nach einem allgemein anerkannten Verfahren geprüft worden zu sein. Doch Experten sind nicht unfehlbar. Sie kennen die besonderen Bedingungen, unter denen sich ein Rat suchender Laie befindet, oft schlechter als dieser. Deswegen ist jeder Laie universeller als irgendwer sonst für sein eigenes Dasein verantwortlich.

Häufig wird ihm eine Urteilsfähigkeit abverlangt, die die Kompetenz beratender Fachleute übersteigt. Wer beispielsweise ein gesundheitliches Problem hat und deswegen verschiedene Ärzte konsultiert, erhält möglicherweise unterschiedliche Diagnosen und Therapievorschläge. Der Patient soll entscheiden, welchem ärztlichen Rat er folgt. In einer solchen Situation selbst eine Entscheidung treffen zu müssen, ist besonders riskant für den Patienten, wenn dabei seine Existenz auf dem Spiel steht. Ein an Diabetes Erkrankter, der sich auf ärztlichen Rat hin einen Fuß hat amputieren lassen und jeden Tag an die Folgen erinnert wird, würde wohl gern die Entscheidung rückgängig machen, wenn er erfährt, dass es ihm ohne die erfolgte Operation besser gehen würde. Wer einen Berater zu seiner Geldanlage hinzuzieht, ohne selbst zu begreifen, was in seiner besonderen Lebenslage für oder gegen eine bestimmte Investition spricht, macht es über alle Unsicherheit in der Prognose von Wertentwicklungen hinaus vom Zufall abhängig, ob er zu einer für ihn geeigneten Geldanlage gelangt. Wer ohne juristische Grundkenntnisse einen Rechtsanwalt konsultiert, tut sich unter Umständen schwer damit, diesem sachdienliche Fragen zu stellen und die Vorteilhaftigkeit dessen zu begreifen, was der Anwalt empfiehlt.

Unwissenheit von Laien ist auch ein Boden, auf dem sachlich unberechtigte Vorurteile, Verdächtigungen und Vorwürfe gegenüber Experten entstehen.

---

**Was fehlt?**
Für einen Laien sollte es leichter werden, seine individuelle Situation, die niemand besser kennt als er selbst, seine Ziele, wohin er will und das, was ihm welcher Experte dazu sagen kann, zusammen zu denken.

## 2

**Begrenzte geistige Kapazität des einzelnen Menschen und Zuwachs des Wissens über den Kosmos – immer kleinere Expertenbereiche und Verlust an Aufmerksamkeit für größere Zusammenhänge – Unberücksichtigt-Lassen relevanter Aspekte bei Entscheidungen unter komplexen Bedingungen und Verfehlen der Intentionen**

Bei aller individuellen Unterschiedlichkeit muss jeder von uns mit einem begrenzten Wahrnehmungs-, Denk- und Erinnerungsvermögen zurechtkommen. Konfrontiert mit einer Flut von Informationen und einer großen Vermehrung von in wissenschaftlicher Sprache ausgedrückten Erkenntnissen und Meinungen über unsere Welt, wird dem Einzelnen seine geistige Beschränktheit zum Problem. Aus den vielen Informationen, die auf ihn zuströmen, kann er nur wenige an sich heranlassen.

Dieser individuelle Mangel veranlasst auf wissenschaftlicher Grundlage tätige Experten in Gruppen dazu, bestimmte geistige Leistungen untereinander aufzuteilen. Denn je kleiner das Spezialgebiet des Einzelnen ist, umso eher schafft er es, dieses geistig zu durchdringen. Dieses Vorgehen ist einerseits erfolgreich, hat aber auch seinen Preis. Je kleiner der Zuständigkeitsbereich eines Experten ist und je mehr er darin aufgeht, umso eher verliert er die Aufmerksamkeit für den Zusammenhang mit einem größeren Ganzen. Gegebenenfalls tritt sein Anliegen, die Verträglichkeit seines Handelns über sein Fachgebiet hinaus mitzuberücksichtigen, zurück. Unter komplexen Bedingungen besteht die Gefahr, dass ein Experte eine Theorie aus einer wissenschaftlichen Disziplin im Alltag anwendet und damit scheitert, weil die Theorie relevante Aspekte im Sinne dessen, was erreicht werden soll, unberücksichtigt lässt.

Bringt man zur Verwirklichung eines Vorhabens ein Team von Experten verschiedener Bereiche zusammen, kann man nicht unbedingt davon ausgehen, dass die Koordinatoren, welche die Experten auswählen, im Hinblick auf das Vorhaben über ein größeres Urteilsvermögen verfügen. Damit wird es bei zunehmender Spezialisierung immer ungewisser, ob zu einem Vorhaben Experten aus allen Bereichen, die für den Erfolg maßgebliche Hinweise geben können, hinzugezogen werden. Dies kann Vorhaben in so unterschiedlichen Bereichen wie der Produktion von Nahrungsmitteln, der medizinischen Versorgung, dem Bau und Betrieb von Industrieanlagen, der technischen Ausstattung von Verkehrsmitteln oder der Anwendung von Theorien beim Handeln an

Finanzmärkten betreffen. Damit kann das Risiko eines Schadens für viele Menschen verbunden sein.

Roman Herzog:

*»Es gehört zu den schwerwiegendsten Mängeln der Massenuniversität, dass in ihr der fächerübergreifende Dialog praktisch nicht mehr existiert. Das ist mehr als der Verlust einer schönen akademischen Tradition. Es wird auf die Dauer auch die sogenannte Problemlösungskompetenz unserer Eliten empfindlich lädieren. Denn bei allen heute und in Zukunft entscheidenden Problemen handelt es sich um ›Schnittmengenprobleme‹. Die Realität hält sich nicht an Fakultätsgrenzen.«* (1)

Kommt es in einem Vorhaben unter komplexen Bedingungen zu einem Schaden, kann jeder, der dazu beigetragen hat, sich damit herausreden, es seien Entwicklungen eingetreten, die niemand vorausgesehen habe. Genauer würde man von Entwicklungen sprechen, die niemand in der vollständigen, real gewordenen Kombination vorausgesehen hat. Der Experte des einen Bereichs sieht sich als kompetent für einen Ausschnitt bestimmter Arten oder Aspekte von Entwicklungen und Zuständen an. Experten mit anders definierten Spezialisierungen wenden ihre Aufmerksamkeit anders begrenzten Arten oder Aspekten von Entwicklungen und Zuständen zu. In ihrer Arbeitsteilung neigen alle dazu, sich nur zu dem zu äußern, was ihnen als Kompetenz zugestanden worden ist, und sich im Übrigen ungeprüft aufeinander zu verlassen. Für das ganze Vorhaben und sein Misslingen ist niemand verantwortlich, oder jemand übernimmt die »politische Verantwortung«, wobei alle wissen, dass dies kein Schuldeingeständnis ist.

---

**Was fehlt?**
Ein wissenschaftsbasiert anwendungstechnischer Experte, der seine Ziele erreichen will, sollte nicht bloß gelegentlich sondern systematisch auch das, was jenseits des ihm zugestandenen Kompetenzrahmens für seine Tätigkeit relevant ist, beachten. Damit ihm dabei nichts Wichtiges entgeht, braucht er ein permanent in seinem Kopf präsentes Verfahren, mit dem er sein Tun über seine fachliche Begrenzung hinaus in seinem Bezug zu den realen Bedingungen, in die er hineinwirkt, begreifen kann.

Im Anhang:
(2) Amputationen bei Diabetikern
(3) Wie Entwickler von Bankprodukten, die zum Verkauf gelangen, Anlagebera-
ter und Geldanleger sich mitunter aufeinander verlassen

# 3
## Spezialisten, die zu spät an gefährlichem Tun gehindert werden

Aufsichtsbehörden, Politik, Gesetzgebung und Rechtsprechung halten
nicht immer Schritt mit der Kreativität von Spezialisten – z. B. der Phar-
ma-, der Nahrungsmittel-, der Finanzindustrie – und greifen später re-
gulierend ein, als es dem Gemeinwesen und einigen seiner Teilnehmer
zuträglich wäre. Immer wieder können Spezialisten Einfluss auf Lebensbedingungen vieler Menschen nehmen, die nicht genug davon verstehen, um im Voraus beurteilen zu können, ob der Einfluss ihnen eher
nutzt oder schadet. Dann muss erst ein Schaden offensichtlich werden,
bevor den Verursachern Beschränkungen auferlegt werden.

---

**Was fehlt?**

Wenn Spezialisten, die Bedingungen des Daseins anderer Menschen beeinflussen, nicht permanent mit einem Verstand, der ihre Tätigkeit durchdringt, überwacht werden können, wenn Kontrolleure zu spät begreifen, was Spezialisten
mit welchen Folgen tun, dann muss der Verstand jedes einzelnen Spezialisten,
der in irgendeiner Weise für andere Menschen Folgenreiches bewirken kann,
mit einem ständig präsenten »kurzen Draht« zur Betrachtung größerer Zusammenhänge seiner Tätigkeit ausgestattet werden. So könnte ein Spezialist mit
höherer Wahrscheinlichkeit beim Planen das Risiko eines erheblichen Schadens,
dem er sich und/oder weitere Personen mit einem bestimmten Handeln aussetzen würde, erkennen und daraufhin der Gefahr ausweichen.

---

Was für ein Interesse könnte ein Spezialist daran haben, sich auf den kurzen Draht zum Gewahrwerden der größeren Zusammenhänge einzulassen? Vermutlich nicht jeder würde ein solches Interesse für sich erkennen.
Aber es dürfte eher die Regel als die Ausnahme sein, dass jemand, der sich
zu einem Experten auf irgendeinem Gebiet mit dem Ziel ausbildet, in diesem Rahmen später beruflich tätig zu werden, darauf hofft, dass sein be-

sonderes Leistungsangebot auch nachgefragt wird, und dies nicht nur ein paar Monate lang. Dann schadet er sich selbst, wenn er mit einem Vorhaben um des kurzfristigen Vorteils willen schwere Schäden zu Lasten einer Bevölkerung in Kauf nimmt, auch wenn ihn Laien in seiner Umgebung, die sein Fachgebiet nur unzulänglich durchschauen, nichtsahnend erst einmal gewähren lassen. Denn der betroffenen Bevölkerung werden die Schäden nach einiger Zeit offenbar. Dann steht die Forderung im Raum, die Handlungsfreiheit des Schadensverursachers einzuengen. Womöglich kommt es daraufhin zu Einschränkungen für den Expertenbereich, die über das hinausgehen, was im Zusammenhang mit dem Schaden sachlich geboten wäre. Wer während seiner Vorbereitung auf eine Tätigkeit als wissenschaftsbasiert anwendungstechnischer Experte erlernt, wie er einem solchen Schaden und Abgelehntwerden in der Öffentlichkeit vorbeugen kann, tut etwas für seinen späteren nachhaltigen beruflichen Erfolg.

Im Anhang:
(4) In Deutschland zu wenige Lebensmittelkontrolleure
(5) Zur Explosion der Ölbohrinsel »Deepwater Horizon«
(6 und 7) Alan Greenspan zur Überwachung des Geschehens auf Finanzmärkten

**4**
**Die Schwierigkeit für Teilnehmer an einem Markt, sich frei in ihren Entscheidungen zu fühlen, andererseits nicht aus der Aufmerksamkeit zu verlieren, wie sehr ihre Freiheit auf Rechtsstaatlichkeit angewiesen ist und wie viel auch sie selbst dafür tun müssen**

Alan Greenspan:

*»Durch die Entwicklung einer freien Marktwirtschaft, die sich auf den Rechtsstaat und dessen konsequenten Schutz der Eigentumsrechte stützt, ging die staatliche Kontrolle über das Alltagsleben ihrer Bürger dramatisch zurück. Allmählich und ohne großes Aufhebens ersetzten die freiwilligen Entscheidungen einzelner Marktteilnehmer viele der staatlichen Institutionen. Gesetzliche Einschränkungen für unternehmerisches Handeln wurden still und leise zugunsten der Selbstregulierung des Marktes abgebaut.«* (8)

*»Warum ist dieser Zusammenhang zwischen Rechtsstaatlichkeit und Wohlstand so eindeutig? Meine Erfahrung sagt mir, dass der Grund in der menschlichen Natur liegt. Wenn wir nicht handeln, gehen wir zugrunde. Doch jede Handlung ist mit unvorhersehbaren Risiken verbunden. Der Umfang, in dem wir Risiken eingehen, hängt davon ab, welche Vorteile wir uns davon versprechen. Wirksame Eigentumsrechte verringern die Unsicherheit und eröffnen einen größeren Spielraum für Risiken und Handlungen, die Wohlstand erzeugen können.«* (9)

Wie passt das alles zusammen? Eine wesentliche Voraussetzung für die Erzeugung von Wohlstand ist die Verwirklichung von Rechtsstaatlichkeit. Rechtsstaatlichkeit ist nicht möglich, ohne ein wohlbedachtes Maß an staatlicher Kontrolle über das Alltagsleben der Bürger. Rechtsstaatlichkeit setzt staatliche Institutionen voraus, die von ihrer personellen und materiellen Ausstattung her in der Lage sind, das Recht auf Eigentum und andere individuelle Grundrechte durchzusetzen. Rechtsstaatlichkeit kommt nicht ohne gesetzliche Einschränkungen für unternehmerisches Handeln aus. Aber Greenspan hat beobachtet, dass die staatliche Kontrolle dramatisch zurückgegangen ist, dass viele staatliche Institutionen durch freiwillige Entscheidungen einzelner Marktteilnehmer ersetzt, dass gesetzliche Einschränkungen unternehmerischen Handelns zugunsten der Selbstregulierung des Marktes abgebaut worden sind. Stimmt man Greenspans Beobachtung zu, dann stellt sich die Frage: Gerät durch diese Entwicklung nicht auch die Rechtsstaatlichkeit und die Erzeugung von Wohlstand in Gefahr? Dies zu befürchten, liegt nahe. Denn nicht immer können für den Staat tätige Personen von einer zentralen Stelle aus eindeutige Anhaltspunkte dafür erkennen, bis zu welchen Graden man staatliche Institutionen durch freiwillige Entscheidungen einzelner Marktteilnehmer ersetzen, inwieweit man gesetzliche Einschränkungen für unternehmerisches Handeln zugunsten der Selbstregulierung von Märkten abbauen kann, ohne die Rechtsstaatlichkeit als Grundlage für das Erzeugen von Wohlstand zu gefährden. Auch wenn für den Staat tätige Personen in einem bestimmten Zusammenhang solche klaren Anhaltspunkte ausfindig machen, bedeutet dies nicht unbedingt, dass sie die Folgerungen aus ihren Erkenntnissen mit der nötigen Zielgenauigkeit durchzusetzen vermögen. Da, wo die für den Staat tätigen, mit Regulierungsfunktionen betrauten Personen überfordert sind, müssen eigentlich die Marktteilnehmer in ihren Entscheidungen die staatlichen Voraussetzungen ihrer Geschäftsmöglichkeiten aktiv unterstützen.

Die Marktteilnehmer können allerdings so sehr von ihren Geschäften vereinnahmt sein, dass sie vergessen, wie sehr sie auf ein Rechtssystem angewiesen sind, das in der erforderlichen Qualität nur von staatlichen Institutionen bereitgestellt werden kann. Es besteht die Gefahr, dass die Marktteilnehmer dem, was sie selbst zur Aufrechterhaltung der Leistungsfähigkeit von für sie wichtigen Funktionen des Staates beitragen müssen, zu wenig Bedeutung beimessen. Es könnte sein, dass sie diese Funktionen des Staates kurzfristiger Vorteile wegen und gegen ihre längerfristigen eigenen Interessen verstoßend schwächen und ihre Selbstschädigung erst begreifen, wenn die schwindende Funktionsfähigkeit des Staates bereits ihre Handlungsmöglichkeiten am Markt beeinträchtigt.

---

**Was fehlt?**

Teilnehmer an einem Markt brauchen etwas, das es ihnen erleichtert zu begreifen, wie sehr der Markt, der ihnen ihr Handeln ermöglicht, auf ein Rechtssystem angewiesen ist, und besser zu verstehen, dass die Qualität des Rechtssystems von der Funktionsfähigkeit besonderer staatlicher Strukturen abhängt. Dabei sollte den Teilnehmern auch bewusster werden, wie sehr die Aufrechterhaltung der für sie wichtigen staatlichen Strukturen auf ihren eigenen Beitrag angewiesen ist und worin der Beitrag bestehen kann.

---

# 5
**Die begrenzte Fähigkeit weniger Menschen, viele zu regieren**

In einer Szene des Films Casablanca aus dem Jahr 1943 verspricht Rick seiner Freundin Ilsa, für drei Personen zu denken. Das liegt noch im Rahmen dessen, was ein einzelner Mensch leisten kann. Eltern sind der Aufgabe gewachsen, eine mehrköpfige Familie zu leiten, bis die Kinder erwachsen sind und den gemeinsamen Haushalt verlassen. Der Bürgermeister eines Dorfes kann sich in seinen Entscheidungen und Taten der Erwartungen eines Großteils der Einwohner an ihn bewusst sein. Wer ein Unternehmen mit 20 Beschäftigten führt, kann jeden seiner Angestellten persönlich kennen. Doch ab einer gewissen Größe der zu leitenden Organisation öffnet sich eine Lücke zwischen dem, was die Person an der Spitze mit ihren begrenzten geistigen Fähigkeiten zu leisten vermag, und dem Apparat, in dessen Namen sie entscheiden und handeln soll. Dann behilft man sich oft mit dem Delegieren von Verantwortlichkeiten auf mehr Personen.

Doch das Regieren eines Staates scheint so nur teilweise zu funktionieren. Immer wieder entscheiden regierende Personen über Angelegenheiten, deren Komplexität sie nicht unbedingt hinreichend überblicken. Fehlt es ihnen an Sachkompetenz, kann es zur Glücksache werden, ob die in dieser Situation kompetentesten Berater hinzugezogen werden. Haben verschiedene Politiker ein Mitspracherecht bei einer Entscheidung, was zu tun ist, und außerdem das Bedürfnis, öffentlich mit unterschiedlichen Standpunkten und Forderungen wahrgenommen zu werden, dann interpretieren möglicherweise alle Beteiligten den Sachverhalt in unterschiedlichen Ausschnitten, glauben mit ihrer jeweils eingeschränkten Betrachtungsweise am besten zu wissen, wie zu entscheiden ist. Dies begünstigt, dass die Politiker aneinander vorbei argumentieren und ein im Sinne des Gemeinwesens erstrebenswertes Ziel, das von allen Beteiligten in allen relevanten Aspekten gewürdigt werden müsste, um erfolgreich zu ihm zu gelangen, aus ihrer Aufmerksamkeit zu verschwinden droht. Jeder will sich durchsetzen. Keiner möchte nachgeben. Wenn alle schließlich das Gefühl beschleicht, eine breitere Öffentlichkeit könnte ihnen ihren Streit ohne Ergebnis als Schwäche auslegen, wollen sie nur noch beweisen, dass sie entscheidungsfähig sind, und einigen sich auf irgendeinen Kompromiss. Dann erliegen sie leicht der Versuchung, allein schon den Kompromiss als Erfolg zu bewerten, ohne noch zu hinterfragen, ob das Ergebnis in irgendeiner Hinsicht dem Gemeinwohl zugute kommt, gar nichts verändert oder schlechter ist, als wenn man überhaupt nichts getan hätte.

Den regierenden Personen des Staates entgleitet die Fähigkeit, alle für eine besondere Entscheidung relevanten Aspekte zu erfassen und situationsgerecht zu gewichten, umso mehr, je größer die Zahl der zu regierenden Menschen ist, je mehr Menschen mit ihren Aktivitäten einander weltweit beeinflussen, je mehr menschliches Verhalten sich auf die nichtmenschlichen Grundlagen unseres Daseins auswirkt.

Gewiss kann man oft dem Hinweis auf ein Versagen von Regierenden in einer bestimmten Angelegenheit anderes gegenüberstellen, worin sie erfolgreicher gewesen sind, und ihnen attestieren, dem Staat auch genutzt, vielleicht sogar mehr genutzt als geschadet zu haben. Doch auch wenn man die Schäden in der Gesamtbilanz für minder bedeutend hält, ist jeder von Personen der Regierung angerichtete Schaden ein Ärgernis für all diejenigen, welche die Folgen des Versagens zu tragen haben.

---

**Was fehlt?**
Benötigt wird etwas, das es möglichst vielen Teilnehmern am Staat erleichtert, ihre jeweilige Situation und ihre Handlungsoptionen im größeren Zusammenhang zu verstehen. Damit würden sie tendenziell fähiger werden, Eigenverantwortung zu übernehmen, und nach Möglichkeit nur das, was sie selbst nicht zu leisten vermögen, größeren sozialen Einheiten zuzuweisen. So könnten am ehesten Entscheidungen der regierenden Personen auf ein Maß reduziert werden, das sie erfolgreich im Sinne bestimmter Intentionen auszufüllen vermögen.

---

Im Anhang:
(10)   Alan Greenspan über Lohn- und Preiskontrollen

# 6
**Unzulängliche Theorien in der Politik**

Wirtschaftswissenschaften haben ihren festen Platz im Wissenschaftsbetrieb. Doch was ist, wenn Forscher aus ihren Reihen es mit der Einzigartigkeit von volkswirtschaftlichen Geschehnissen in offenen Systemen zu tun haben, wenn deswegen ihre Forschungsgegenstände nicht so viel Regelmäßigkeit erkennen lassen, wie sie es gerne hätten, um Abläufe besser planen, kontrollieren und genauere Vorhersagen treffen zu können? Einmal angenommen, sie wollen sich damit nicht abfinden. Dann gibt es nur eines für sie: sich abseits einer Beschreibung bestimmter gesellschaftlicher Phänomene, die möglichst alle relevanten Aspekte einbezieht, Situationen und Entwicklungen auszudenken, die einfacher als real vorkommende Abläufe sind. Dann lassen Ökonomen Einflüsse aus der realen Welt, die in kein exakt-wissenschaftliches theoretisches Modell passen – z. B. Gier, Euphorie und Angst –, einfach weg. So kritisiert beispielsweise der Wirtschaftswissenschaftler Robert Shiller einige seiner

Kollegen wegen ihres allzu großen Glaubens an die Theorie effizienter Märkte:

*»Es ist nicht einfach, den Markt zu schlagen. Es steckt also durchaus etwas Wahrheit in der Theorie effizienter Märkte. Nur gab es die Tendenz, es zu weit zu treiben. …*

*Die Ökonomen haben daraus abgeleitet, dass Marktpreise immer richtig sind und Spekulationsblasen folglich nicht existieren. Wenn Sie in das Stichwortverzeichnis eines Lehrbuchs der Finanzmarktökonomie nach dem Wort ›Blase‹ schauen, werden Sie es dort nicht finden. Die Bücher erwähnen Blasen nicht einmal. Das ist abstrus. Denn es gibt immer wieder Übertreibungen auf den Finanzmärkten …*

*Das Problem mit der Makroökonomie ist, dass es nicht genug Daten gibt, um irgendetwas zu beweisen. Also haben diese Leute Modelle entwickelt, die für sie richtig aussehen, die aber keine psychologischen Elemente enthalten. Sie denken, sie haben das richtige Modell. Und man kann nicht beweisen, dass sie falsch liegen, zumindest nicht mittels statistischer Methoden. Denn sie haben ihre Modelle so weit angepasst, dass sie zu den Daten passen.«* (11)

Angenommen, die Analyse Shillers trifft zu: Was ist schon dabei, wenn Wissenschaftler in Gedankenmodellen von realen individuellen und gesellschaftlichen Befindlichkeiten abheben? Wissenschaftler der Volkswirtschaftslehre sollen sich doch unabhängig von irgendwelchen unmittelbar verfolgten Zwecken der Anwendung in realen Lebensverhältnissen Modelle zum genaueren Verstehen bestimmter gesellschaftlicher Zustände und Entwicklungen ausdenken. – So weit, so gut. Doch gefährlich kann es werden, wenn Wissenschaftler sich nicht hinreichend bewusst sind, dass ihre Theorie keine reale Situation erfasst, und wenn sie dennoch als Berater von Entscheidern mit der Theorie eine Empfehlung begründen, in bestimmter Weise zu handeln. Erkennen auch die Entscheider den Unsinn, der in der Lücke zwischen theoretischen Annahmen und den realen Bedingungen besteht, nicht rechtzeitig und folgen dem Rat, dann ist die Wahrscheinlichkeit hoch, dass relevante Aspekte im Sinne dessen, was erreicht werden soll, unberücksichtigt bleiben und daraufhin das gesteckte Ziel verfehlt wird. In der Politik kann dies einen erheblichen Schaden nach sich ziehen.

Was fehlt?

Den einzelnen Teilnehmern am Staat sollte es leichter gemacht werden, ihre jeweilige individuelle Existenz und besondere persönliche Interessen auf das politische Geschehen im Staat und darüber hinaus zu beziehen. Je besser der Einzelne diese Zusammenhänge erfasst, umso eher ist er in der Lage zu beurteilen, ob ein in der Theorie gefordertes politisches Ziel aus seiner Sicht erstrebenswert ist, was das Erreichen des Ziels für unbeabsichtigte Nebenwirkungen haben könnte und ob ihm auch diese wünschenswert erscheinen, ob das Ziel auf dem in der Theorie propagierten Weg unter den real gegebenen Bedingungen überhaupt eine Chance hat, verwirklicht zu werden.

Zwar kann der einzelne Mensch trotzdem für eine politische Theorie eintreten, die wesentliche individuelle und gesellschaftliche Aspekte ignoriert und in der Anwendung schadensträchtig ist. Aber die wirksame Anwendung einer politischen Theorie benötigt viele Unterstützer oder passive Erdulder. Dass diese sich finden, ist umso unwahrscheinlicher, je mehr Teilnehmern am Staat die Gefahren bewusst sind.

Im Anhang:
(12) Der Glaube an das Ende des Auf und Ab der britischen Wirtschaft

# 7
## Die Gefahr einer Anhäufung von Problemen im Staat

Jeder Staat setzt sich aus vielen einzelnen Menschen zusammen. Deshalb entwickelt sich vieles auf staatlicher Ebene im Prinzip ähnlich wie im Leben einzelner Menschen. Einmal angenommen, ein Mensch hat ein Problem, das noch klein ist und mit wenig Aufwand lösbar wäre. Aber er nutzt die Frist nicht, in der er das Problem relativ leicht überwinden könnte. Das kleine Problem wird zu einem Problem, das größere Anstrengungen erfordert, wenn er es wieder loswerden will. Doch er tut nichts. Es kommen andere Probleme hinzu. Mit diesen Problemen geht er genauso um. Es kommt der Tag, an dem er einen Berg von Problemen vor sich sieht. Mehrere Probleme zusammen erscheinen ihm nun als so gefährlich, dass er anfängt, um seine Existenz zu fürchten. Jetzt würde er auch gerne etwas gegen seine Probleme tun. Er begreift, dass er eigentlich mehrere Probleme gleichzeitig angehen müsste. Das kann er aber nicht. Während er sich endlich dazu aufrafft, ein Problem zu bekämpfen, das ihm früher für sich alleine betrachtet als vernachlässigbar klein erschien, scheitert er nun an einem anderen Problem, dessen Eindämmung er sich nicht zur gleichen Zeit hinreichend hat zuwenden können. Verhalten sich Personen in der Regierung eines Staates so, dann hat dies allerdings oft noch schwerwiegendere, weil von viel mehr Menschen zu tragende Folgen.

Wenn in einem Staat mit Mehrparteiensystem die regierenden Personen, orientiert an den Terminen regelmäßig stattfindender Wahlen, in vieler Hinsicht nur kurzfristige Ziele verfolgen, wenn Politiker verschiedener Parteien eine Koalitionsregierung bilden und sich auf irgendwelche Kompromisse einigen, bloß um zu beweisen, dass sie miteinander regieren können, dann gerät leicht in Vergessenheit, was zu tun wäre, um das Gemeinwesen nachhaltig auf einen gedeihlichen Weg zu bringen. Während Teile der Bevölkerung einzelne politische Entscheidungen, die ihnen als zu kurz gedacht erscheinen, zwar missbilligen, aber dann doch nicht als so untragbar empfinden, dass sie sich dagegen wirksam zur Wehr setzen würden, entsteht im Laufe der Zeit eine Anhäufung von Folgen aus solchen, die Prosperität des Gemeinwesens überwiegend belastenden Schritten. Der Stoff, der die Folgen zu einer immer schwerer auflösbaren Bürde verklebt, sind öffentliche Schulden und zu viele oder zu einflussreiche Menschen, die vorübergehend davon profitieren, dass etwas schlecht funktioniert. Mit dem Größerwerden trübt die allen Angriffen trotzende Bürde die Erwartungen weiter Bevölkerungskreise hinsichtlich dessen, was ihnen die Zukunft bringt, tendenziell immer mehr ein. Schlimmstenfalls geht dies soweit, dass die meisten Teilnehmer am Staat keine hinreichend attraktiven Lebensperspektiven mehr für sich erkennen und daraufhin zwar nicht mit einem bewussten Plan ihre Selbstzerstörung betreiben, wohl aber zerstörungsträchtigen Gefahren fahrlässig Einlass gewähren. Ein daraus resultierender Zusammenbruch stellt sich Betroffenen und Beobachtern womöglich als eine Art Naturkatastrophe dar. An dieser Einschätzung wäre so viel wahr wie an der Feststellung, eine Erkrankung, der man wirksam hätte vorbeugen können, es aber unterließ, habe einen Menschen als unausweichliches Schicksal ereilt.

---

**Was fehlt?**

Möglichst viele einzelne Teilnehmer am Staat brauchen kürzere Wege zum Begreifen, was für Nachteile und Vorteile es für ihre jeweiligen persönlichen Interessen, die Belange einer Gruppe, der sie sich zugehörig fühlen, und für Funktionen des Staates, auf die sie angewiesen sind, mit sich bringt, wenn die Regierung bestimmte Entscheidungen trifft. Je mehr Teilnehmer für sich oder ihre Gruppe klar erkennen, dass eine bestimmte Entscheidung für sie und ihnen wichtige Funktionen des Staates sehr nachteilig ist, umso eher suchen Personen aus diesem Kreis nach Möglichkeiten, sich gegen die Entscheidung zu wehren und anderes zu verwirklichen, das ihren Interessen mehr entspricht.

---

Soweit realisierbar, ist dieses Begreifen der Zusammenhänge auf kürzeren gedanklichen Wegen vermutlich das relativ wirksamste Mittel gegen das Heranwachsen einer immer größeren Last von Problemen, die anderenfalls den Teilnehmern am Staat die Gestaltungsmöglichkeit, die sie brauchen, um sich selbst und den Staat in eine gedeihliche Zukunft zu führen, zunehmend versperrt.

# 8

**Die Gefahr, dass in den Außenbeziehungen die für ein einigermaßen gedeihliches Zusammenleben von einzelnen Menschen und Gruppen wichtigen Funktionen des Staates aus der Aufmerksamkeit verschwinden**

Zu dem im Jahr 2003 begonnenen Militäreinsatz der Vereinigten Staaten von Amerika gegen den Irak äußert sich der verantwortliche Präsident im Jahr 2005 rückblickend:

>»*Es stimmt, daß sich viele der Geheimdienstinformationen als falsch herausstellten‹, sagte Bush. ›Als Präsident bin ich verantwortlich für die Entscheidung der Irak-Invasion.‹*« (13)

Und im Jahr 2010 resümiert sein Nachfolger Barack Obama:

*»Wir haben mehr als eine Billion Dollar im Krieg ausgegeben, häufig finanziert mit geliehenem Geld aus dem Ausland. Das hat Investitionen in unsere eigene Bevölkerung verknappt und zu Rekordschulden beigetragen.«* (14)

Waffen aller Arten – von der Kleinwaffe mit relativ geringem Zerstörungspotential bis zur Massenvernichtungswaffe – lagern irgendwo. Als solche sind sie für niemanden gefährlich, wenn man einmal davon absieht, dass im Laufe der Zeit Schadstoffe austreten und auf diese Weise die Umgebung kontaminieren könnten. Für den Einsatz jeglicher Waffen sind Menschen erforderlich, die über sie verfügen können. Was in deren Köpfen vorgeht, macht eine Waffe erst scharf.

Je geringer die Fähigkeiten und der Wille regierender Personen sind, die komplexen Folgen eines Militäreinsatzes zu begreifen und zu beurteilen, ob damit die eigenen politischen Absichten durchgesetzt werden können, umso mehr Anlass zur Sorge haben die meisten Teilnehmer des Staates, in dem die Waffen lagern, dass diese in Verkennung der Folgen eingesetzt werden und das Ergebnis dem Wohl des Staates und der davon abhängigen Menschen zuwiderläuft. Denn dies kann bedeuten, dass fast nur Verlierer aus einem Militäreinsatz hervorgehen und das Ergebnis eine nahezu oder vollständig sinnlose Selbstzerfleischung darstellt.

In einer Welt von Menschen, die nicht davon abzubringen sind, miteinander zu konkurrieren, sich gegenseitig in ihren Existenzen zu bedrohen und bedroht zu fühlen, die sich deswegen in aggressiver und defensiver Absicht mit allem erhältlichen, ihnen nützlich erscheinenden Zerstörungsgerät bewaffnen, besteht das eigentliche Problem nicht darin, dass Staaten über Streitkräfte verfügen. Im Gegenteil: Fahrlässig wäre die Regierung des eigenen Staates, wenn sie sich zur Minimierung der Kosten für die Streitkräfte in Friedenszeiten mit ausländischen Partnern auf eine Arbeitsteilung für den Verteidigungsfall einstellen würde und die Bündnispartner nicht unbedingt genug Eigeninteresse darin erkennen, bei allen möglichen Konstellationen eines Verteidigungsfalls dem bedrängten anderen Staat auch tatsächlich militärisch zur Seite zu stehen. Denn darin lauert die Gefahr, dass die Regierung sich im Ernstfall gezwungen sieht, bestimmte militärische Beiträge eines Bündnispartners zu erbitten und dafür diesem als Gegenleistung Zugeständnisse in irgendeinem anderen Aspekt der zwischenstaatlichen Beziehungen machen muss, wozu die Regierung in Friedenszeiten vielleicht niemals bereit wäre. Gegebenenfalls ist der eigene Staat nicht nur militärisch von einer ausländischen Macht bedroht, sondern erleidet nebenbei auch noch eine Niederlage gegenüber dem Bündnispartner, von dem man in Friedenszeiten der Bequemlichkeit halber angenommen hat, mehr gemeinsame Interessen mit ihm zu teilen als tatsächlich vorhanden. Die eigenen Streitkräfte müssen jederzeit einsatzfähig gehalten werden, weil sie manchmal unverzichtbar sind, um den Angriff einer ausländischen Macht auf das eigene Territorium abzuwehren, und auch um bedrohten eigenen Staatsangehörigen im Ausland beizustehen. Gibt es für den Transport bestimmter Güter vom einen zum anderen Ort keine ökonomisch sinnvollere Strecke als den Seeweg und möchte man auf den Gütertransport nicht verzichten, so kann der Einsatz von Streitkräften erforderlich werden, um Handelsschiffe vor Piraten zu schützen. An diesen und anderen möglichen Herausforderungen orientiert, die wirksam nur mit Militäreinsätzen zu bestehen sind, müssen die Streitkräfte so effizient wie möglich und so umfangreich wie nötig ausgestattet werden, dass sie jederzeit der Situation angepasst auf einen Angriff reagieren können.

Ein Problem entsteht, wenn nur sehr wenige Personen über einen Militäreinsatz entscheiden, wenn diese Personen wesentliche Aspekte vernachlässigen, die Tragweite ihrer Entscheidungen nur mangelhaft überblicken und es so zu Militäreinsätzen kommt, die bei genauerem Hinsehen eigentlich schon von Anfang an zum Scheitern verurteilt sind. Mit dem Beschluss eines solchen Einsatzes steht bereits vor dem ersten Akt der Zerstörung fest, dass die eigene Bevölkerung als Verlierer daraus hervorgeht. Sobald eigene Soldaten im Einsatz gefallen sind, ist die Versuchung für die verantwortlichen Politiker groß, das Ende des Einsatzes hinauszuzögern, um den Vorwurf von sich fernzuhalten, für nichts das Leben von Menschen verspielt zu haben. »Sachzwänge« für eine Verlängerung, die sich aus der durch den Einsatz hervorgerufenen Situation ergeben, lassen sich genug finden. So ziehen sich aussichtslose Militäreinsätze manchmal Jahre nach der Erkenntnis, dass sie nicht zu gewinnen sind, bei weiter steigenden Kosten und immer mehr Todesopfern in die Länge.

Peter Struck, als deutscher Verteidigungsminister mitverantwortlich für den Afghanistan-Einsatz der Bundeswehr, äußerte im Jahr 2009 dazu:

*»Es war eine Fehleinschätzung, sich zu sehr auf das Militär zu konzentrieren ...*
*Wir haben alle gedacht, das geht schneller. Wir haben geglaubt, wir gehen*
*da rein und schnell wieder raus. Unser Ziel war nicht, sieben Jahre zu blei-*
*ben.«* (15)

Kein Volk kommt ohne Repräsentanten aus, die autorisiert sind, im
Namen des ganzen Staates gegenüber dem Ausland zu sprechen, mit
befugten Personen anderer Staaten zur Lösung von Streitfragen und
zur erfolgreichen Verwirklichung gemeinsamer Vorhaben verbindliche
Regelungen zu vereinbaren. Delegiert ein Volk aber zu viel von dem,
was zwischen Menschen über Staatsgrenzen hinweg im Interesse des
eigenen Staates zu vereinbaren und zu regeln ist, an einige wenige regierende Personen und kümmert sich allzu wenig darum, was diese aus
ihrer Aufgabe machen, dann besteht die Gefahr, dass die Regierungspo-
litik sich von dem entfernt, was dem Wohlergehen des Staates dienen
würde. Es kommt der Bestätigung einer solchen Lücke gleich, wenn die
Bundeskanzlerin Angela Merkel nach einigen Jahren des teuren, tote
Soldaten und Zivilisten zurücklassenden Einsatzes der Bundeswehr in
Afghanistan, der Deutschlands Position in der Staatenwelt in keiner
erkennbaren Weise sicherer gemacht oder verbessert hat, eingesteht:
*»Unsere Ziele waren zum Teil unrealistisch hoch oder sogar falsch.«* (16)
Mit derartigen Fehlleistungen reduziert sich die außenpolitische
Durchsetzungsmacht der Regierung. Zu deren Rückgang trägt aber auch
bei, dass das, was auf der Welt geschieht, umso mehr an Politikern vor-
beigeht, je mehr die Staatsgrenzen überschreitenden Einflüsse, Verbindungen und Abhängigkeiten zwischen Menschen zunehmen. Einfluss
von mehr Menschen auf die Außenbeziehungen bedeutet allerdings
nicht unbedingt, dass dadurch Interessen des Staates besser gewahrt
werden. Denn Menschen und Kollektive mit Außenbeziehungen können ihre Wünsche zum Teil weitgehend losgelöst von dem verwirklichen, was dem Heimatstaat nützlich wäre. Wenn Investoren einzig mit
dem Ziel der Geldvermehrung, egal, wo und mit welchen Folgen, Geld
anlegen oder einem Objekt ihrer bisherigen Investition Geld entziehen,
denken sie nicht unbedingt daran, wie sich dies auf den Staat auswirkt.
Sie berücksichtigen nur nachrangig, wie wichtig funktionierende staatliche Strukturen an Investitionsstandorten dafür sind, dass die attraktiven Investitionsobjekte in Zukunft nicht ausgehen. Sie unterschätzen
leicht die Bedeutung funktionierender innerer staatlicher Strukturen

für die Verlässlichkeit der Staaten auf internationaler Ebene. Sie beziehen in ihre Kalkulationen nicht unbedingt hinreichend mit ein, was es Staaten mit funktionierenden, für ihre meisten Teilnehmer nützlichen Strukturen kostet, sich vor Menschen aus unberechenbareren, mit keinen so nützlichen Eigenschaften ausgestatteten Staaten zu schützen. Auch wenn sich Unternehmen der Wirtschaft von ihrem Ursprungsland loslösen, weil es ihnen vor allen weiteren Überlegungen am wichtigsten ist, ihre Güter dort zu produzieren, wo ihnen die geringsten Arbeitskosten entstehen, die höchsten staatlichen Subventionen gewährt und die wenigsten Auflagen hinsichtlich der Umweltverträglichkeit gemacht werden, stehen während ihrer Reise vom billigeren zum noch billigeren Produktionsstandort nicht unbedingt Überlegungen im Vordergrund, was ihr Verhalten für die Gesamtsituation in den jeweiligen Orten und Staaten bedeutet. Wenn der Regierung die außenpolitische Einflussnahme dahinschwindet und diejenigen, auf die sich die Macht in den Außenbeziehungen verlagert, fahrlässig damit umgehen, dann kann der Staat darunter schwächer und schwächer werden, was sich in nachlassenden Leistungen für seine Teilnehmer zeigt, bis diese schließlich begreifen, was ihnen verlorengegangen ist.

---

**Was fehlt?**

Möglichst viele Teilnehmer am Staat sollten auf kürzeren gedanklichen Wegen begreifen können, wie sehr in einer Welt mit vielen grenzüberschreitenden Einflüssen Wohlergehen und Niedergang des Staates in den Außenbeziehungen nicht nur von Regierungen sondern von allen Teilnehmern, die Bezüge zum Ausland haben, beeinflusst werden. Dazu müsste es den einzelnen Teilnehmern leichter gemacht werden, von ihren individuellen Befindlichkeiten aus zu erkennen, was ihre persönlichen Interessen in den Außenbeziehungen des Staates sind und was sie selbst dazu tun können.

Wenn politische Entscheider nicht hinreichend dazu imstande sind, die Option eines Militäreinsatzes gegen eine ausländische Macht in wichtigen Aspekten und möglichen Konsequenzen geistig zu erfassen, dann liegt es im Interesse der gegebenenfalls für das Begleichen der Kosten einstehenden und Opfer erbringenden Menschen, ein Instrument zu entwickeln, mit dem die Entscheider und möglichst weite Kreise der Bevölkerung die Chancen und Risiken, die sich aus einem Militäreinsatz ergeben, vorher gründlicher begreifen und in der Gegenüberstellung beurteilen können.

Je mehr dieses Instrument die Fähigkeit möglichst vieler Teilnehmer am Staat erhöht, die relevanten Einflüsse, denen ein Militäreinsatz unterliegt, sowie die möglichen Konsequenzen daraus für sie persönlich oder ihre Gruppe zu verstehen, umso tendenziell besser lässt sich mit seinem Gebrauch verhindern, dass eine einzige regierende Person oder eine kleine Gruppe mit einem beschränkten Urteilsvermögen von unzutreffenden Annahmen ausgehend einen Militäreinsatz veranlasst, damit scheitert und die ganze Nation für den daraus resultierenden Schaden aufkommen muss. Denn umso eher beansprucht ein zu politischem Druck fähiger Teil der Bevölkerung ein Verfahren, das Personen der Regierung höhere Hürden entgegenstellt, zu Lasten aller ein nicht zu Ende gedachtes militärisches Abenteuer einzugehen. Selbstverständlich dürfen diese höheren Hürden die Entscheidungsfähigkeit der regierenden Personen in sicherheitspolitischen Lagen des Bedrohtseins, die ein schnelles militärisches Handeln erfordern, nicht beeinträchtigen.

# 9
## Unsicherheit, was Heranwachsende über unsere Welt lernen sollen

Der Unterricht zwischen Grundschule und Gymnasium hat unter anderem die Aufgabe, eine wissenschaftlich begründete Beschreibung des Kosmos anzubieten, die dem lernenden Menschen zur Orientierung im Leben dient. Dabei sind Grenzen der geistigen Aufnahmefähigkeit und verfügbaren Zeit eines Heranwachsenden zu berücksichtigen. Deshalb kann es sich nicht um mehr als eine kleine Auswahl wesentlichen Wissens handeln.

Doch was ist das Wesentliche, wenn die Erkenntnisse über unsere Welt permanent zunehmen, wenn der einzelne Wissenschaftler weit davon entfernt ist, den Stand aller tangierten wissenschaftlichen Disziplinen zu überblicken, wenn unter Wissenschaftlern oft Uneinigkeit oder Unentschlossenheit darüber herrscht, wie bestimmte, neu hinzukommende Beobachtungen oder Messergebnisse zu interpretieren sind, sich aber nur hinreichend anerkanntes Wissen für den Schulunterricht eignet?

Es sieht so aus, als ob die Schule diese Aufgabe nie mehr erfüllen kann, es sei denn, die relevanten Wissenschaften ändern zuvor etwas an ihren Herangehensweisen, wie sie den Kosmos begreifen, und kommen damit dem Unterricht entgegen.

> **Was fehlt?**
>
> Es muss gezielter danach gefragt werden, welche Teile aus dem wissenschaftlich begründeten Wissen über unsere Welt der einzelne Mensch zur Orientierung in den komplexen Zusammenhängen seines Daseins am häufigsten brauchen kann. Dies wäre für lernende Menschen auch das wesentlichste, weil relativ nützlichste Wissen vom Kosmos, das ihnen zwischen Grundschule und Gymnasium vermittelt werden könnte.

# 10
## Lernbare Wissensportionen von eingeschränktem Wert

Das ganze von wissenschaftlichen Disziplinen bisher angesammelte und kommunizierbare Wissen über den Kosmos ist in Informationsnetzen wie dem Internet verfügbar. Dieses Wissen lässt sich mit Hilfe eines Computers nach und nach auf einem einzigen Bildschirm darstellen. Nehmen viele Menschen Auszüge aus diesem Wissen wahr, dann entstehen im Laufe der Zeit immer mehr Verbindungen zwischen bestimmten Inhalten und immer dichtere Netze von Zusammenhängen. Das riesige Wissen wird zu einem Knäuel. Aus diesem Gewebe kann derjenige, der etwas über unsere Welt lernen will, zwar noch lernbare Wissensportionen herausgreifen. Aber er ist sich häufig auch im Klaren darüber, dass eine solche lernbare Wissensportion von wichtigen Zusammenhängen abgeschnitten und damit in ihrem Wert reduziert ist. Dann neigt der Lernwillige dazu, seinen Lernwunsch zu ändern und sich mit dem technischen Zugang zum Computer zu begnügen. Er möchte bloß noch im Bedarfsfall des Alltags mit dem Computer Informationen und Wissen aus dem Knäuel abrufen. Dies kann allerdings bedeuten, dass der Mensch zu wenig relativ beständiges Wissen für seine Orientierung verinnerlicht. Denn solches Wissen braucht er zur Bewertung von Informationen, die von außen auf ihn zukommen, um seiner begrenzten geistigen Kapazität Rechnung tragend zu entscheiden, welche Informationen er annehmen und welche er abweisen will. Lässt er zu wahllos Informationen an sich heran, so kann dies seine Entwicklung als einheitliche Persönlichkeit erschweren. Manchmal muss ein Mensch auch ein Risiko eingehen, um sich weiterentwickeln zu können. Weiß er zu wenig über Zusammenhänge und Regelmäßigkeiten in seiner Welt, dann scheut er eher vor dem

Betreten des Unbekannten zurück, oder er lässt sich darauf ein, versäumt Schutzvorkehrungen und setzt dadurch sein Vorhaben Gefahren aus, an denen es scheitern kann.

---

**Was fehlt?**

Das Problem des Lernenden, mit einem riesigen wissenschaftlich begründeten, auf vielfältige Weisen zusammenhängenden Knäuel von Wissen über unsere Welt konfrontiert zu werden, sich im Klaren darüber zu sein, das Ganze nie beherrschen zu können und am Wert des Erlernens eines willkürlichen Ausschnittes zu zweifeln, ließe sich am ehesten mit einem Lerninhalt überwinden, der das Wissensknäuel zwar nur oberflächlich, aber doch so weit umgreift, dass der Lernende das Gefühl hat, mit seinem Verstand etwas von dem Ganzen zu erfassen.

---

So ausgerüstet, treten am ehesten Zweifel im Menschen zurück, etwas für ihn Lernenswerteres zu verpassen, wenn er sich auf das Kennenlernen eines willkürlichen Ausschnitts aus dem zusammenhängenden Wissen festlegt.

## 11
### Für Wissenschaftler wird es teilweise immer schwerer, untereinander zu kommunizieren

Wolfgang Frühwald äußerte im Jahr 1999 mit seiner Erfahrung als Präsident der Deutschen Forschungsgemeinschaft zu Überforderungen von Spezialisten in den Lebenswissenschaften:

*»Seit in den sechziger Jahren die Lebenswissenschaften explodierten, wurden in einer riesigen Zahl von Experimenten das Innere des Lebens, die Genstruktur von Pflanzen, Tieren und Menschen erschlossen. Bei der Aufschüttung der Datengebirge gingen Wege und Stege verloren. Eine akzeptierte Lebens- und Evolutionstheorie gibt es nicht. Die vielen Methoden, Spezialisierungen, die Überschneidungen auf Grenzflächen tradierter Fächer bedingen eine Riesenzahl von Publikationen und Publikationsorganen ...«* (17)

Begrenzte geistige Kapazität des einzelnen Menschen und immer mehr verfügbares Wissen über den Kosmos, nicht nur in den Lebenswissenschaften, führen zu immer mehr und immer kleineren Parzellen der Forschung. Deren Fachsprachen tendieren dazu, sich auseinanderzuentwickeln, was die Kommunikation erschweren kann. Gegebenenfalls kann dies die fächerübergreifende Anregung beim Suchen nach zusätzlichen wissenschaftlichen Erkenntnissen erschweren. Die damit verbundene tendenzielle Unübersichtlichkeit steht auch dem Bemühen entgegen, Laien eine beim aktuell verfügbaren Kenntnisstand zwar oberflächliche, aber umfassende, möglichst verlässliche Deutung des Kosmos anzubieten, die ihnen als Orientierung im Alltag dienen könnte.

**Was fehlt?**
Der Austausch zwischen Wissenschaftlern unterschiedlicher Ausrichtung, die sich mit dem genaueren Begreifen des Kosmos befassen, sollte erleichtert werden. Dazu benötigen alle Beteiligten den Zugang zu einer Gesamtbetrachtung des Kosmos, deren »Eingangstür« jedem von ihnen auswendig gelernt präsent ist. In diesem Rahmen müssen sich alle in derselben Sprache verständigen können. Darüber hinaus muss es einen Grund geben, der es jedem Beteiligten attraktiv erscheinen lässt, alle seine wissenschaftlichen Beiträge derart an die Gesamtbetrachtung anzuschließen, dass möglichst viele Wissenschaftler so viel wie möglich von seinen Beiträgen verstehen.

## 12
**Wer nach einer Gesamtdeutung des Kosmos aus wissenschaftlichem Begreifen und religiöser Anschauung sucht, mit dem Ergebnis unzufrieden ist und dies nicht aushält, gefährdet möglicherweise die öffentliche Sicherheit**

Wer sich mit viel technischem Gerät umgibt, das auf menschliche Erfindungen zurückzuführen ist, kann in seiner von der Natur vorgegebenen geistigen Begrenztheit den Eindruck haben, Menschen könnten sich ihre Welt selbst erschaffen. Dann wehrt er sich möglicherweise dagegen, sich einzugestehen, dass es hinter seiner Existenz und dem Kosmos ein Geheimnis gibt, dem er ausgeliefert ist und das er niemals begreifen kann. Dann sträubt er sich auch dagegen, religiös zu sein, weil er sich damit in Gedanken dem Geheimnis zuwenden würde. Aber eigentlich weiß er, dass es das Geheimnis gibt und hat manchmal Mühe, entsprechende Gedanken in sich zu unterdrücken.

Ist er zugleich ein Wissenschaftler, der sich vorgenommen hat, mehr vom Anfang oder von allgemeinen Grundlagen des Kosmos zu begreifen, dann neigt er zu der Auffassung, das Geheimnis zu akzeptieren würde seine Forschung einengen oder käme seiner Kapitulation gleich. Dagegen möchte er angehen, bis er das Geheimnis wissenschaftlich bloßgelegt hat. Dies schafft er nicht, weswegen die Gefahr besteht, dass er wissenschaftlich Beweisbares und bodenlos Fantasiertes miteinander vermengt. Ehe er sich dies eingesteht, rennt er vielleicht bis ans Ende seiner Tage gegen eine undurchdringliche Wand vor weiterer wissenschaftlicher Erkenntnis an. Würde er hingegen neben seinem Bemühen um genaueres Erkunden der Hintergründe unserer Welt das Geheimnis grundsätzlich akzeptieren, wäre er womöglich auch eher imstande, eine Theorie als wissenschaftlich unhaltbar zu verwerfen, weil er mit ihr an das Geheimnis gestoßen ist, und stattdessen mit besserer Aussicht auf wissenschaftlichen Erfolg einer Frage nachzugehen, die das Geheimnis nicht berührt.

Das gravierendere Problem zeigt sich in einem anderen Aspekt. Es betrifft diejenigen Menschen, welche sich im Alltag unter wissenschaftlich anwendungstechnisch relativ hoch entwickelten Bedingungen behaupten möchten, zugleich ein religiöses Bedürfnis haben und dieses vielleicht im Bekenntnis zu einer legendenhaft überlieferten Religion ausdrücken. Wer von ihnen aus wissenschaftlich begründeter und religiöser Deutung der Welt keine in sich widerspruchsfreie Gesamtdeutung formulieren kann, trägt einen Konflikt in sich aus. Wie sehr ein solcher Mensch unter diesem Konflikt leidet, wird mitbeeinflusst von persönlichen Eigenschaften und von äußeren Bedingungen, unter denen er lebt. Leidet er so sehr darunter, dass er glaubt, seine inneren Widersprüche nicht länger auszuhalten, dann kann er für die Gesellschaft, in der er lebt, zu einem schwer einschätzbaren Risiko werden. Vielleicht wendet er sich nur gegen sich selbst. Womöglich setzt er seinem Leben ein Ende. Oder er entwickelt eine Wut auf Gegebenheiten in seinem Umfeld, die er für sein Befinden verantwortlich macht, und wird aggressiv dagegen. Vielleicht verbindet er beides miteinander. Je mehr Menschen unter dem Problem leiden, tendenziell umso größer ist seine politische Bedeutung, und eine tendenziell umso größere Gefährdung der öffentlichen Sicherheit stellt es dar.

---

**Was fehlt?**

Gebraucht wird etwas, das es dem einzelnen Menschen bei persönlichem Verlangen erleichtert, wissenschaftlich begründete und religiöse Anschauung der Welt zu einer Gesamtdeutung zusammenzufügen, mit der er sich in einer ihn zufriedenstellenden Weise identifizieren kann. Dabei ist von der Prämisse auszugehen, dass es im Kosmos Details, Regelmäßigkeiten und Zusammenhänge von Körpern gibt, die wissenschaftlicher Erkenntnis zugänglich sind, und dass sich ein wissenschaftlich unzugängliches Geheimnis hinter dem Kosmos verbirgt, das der Grund für eine religiöse Deutung der Welt sein kann. Dies sollte man zum Anlass nehmen, sich eingehender mit der Frage zu befassen, was auf dem Stand der aktuell verfügbaren wissenschaftlichen Kenntnisse zu dem wissenschaftlich Ergründbaren und was zu dem Geheimnis gehört.

---

In dem Maße, wie das Zusammendenken von wissenschaftlicher und religiöser Anschauung des Weltalls in überzeugender Weise gelingt, würde sich die Gefahr verringern, dass ein Mensch mit religiösem Bedürfnis in einen inneren Konflikt gerät, der ihm ausweglos erscheint, der ihn dazu veranlasst, in die Gesellschaft hinein aggressiv zu werden.

# Haben die Probleme etwas gemeinsam?

Die geschilderten Probleme betreffen sehr unterschiedliche Bereiche und Aspekte des Daseins von Menschen. Aber jede Beschreibung eines Problems verfügt mit einem gerahmten Text über ein Fenster, durch das es mit den Beschreibungen der anderen Probleme verbunden ist. Die folgende Aneinanderreihung dieser Texte möge das Zusammengehörige der Probleme deutlicher machen.

## 1

Für einen Laien sollte es leichter werden, seine individuelle Situation, die niemand besser kennt als er selbst, seine Ziele, wohin er will, und das, was ihm welcher Experte dazu sagen kann, zusammen zu denken.

## 2

Ein wissenschaftsbasiert anwendungstechnischer Experte, der seine Ziele erreichen will, sollte nicht bloß gelegentlich sondern systematisch auch das, was jenseits des ihm zugestandenen Kompetenzrahmens für seine Tätigkeit relevant ist, beachten. Damit ihm dabei nichts Wichtiges entgeht, braucht er ein permanent in seinem Kopf präsentes Verfahren, mit dem er sein Tun über seine fachliche Begrenzung hinaus in seinem Bezug zu den realen Bedingungen, in die er hineinwirkt, begreifen kann.

## 3

Wenn Spezialisten, die Bedingungen des Daseins anderer Menschen beeinflussen, nicht permanent mit einem Verstand, der ihre Tätigkeit durchdringt, überwacht werden können, wenn Kontrolleure zu spät begreifen, was Spezialisten mit welchen Folgen tun, dann muss der Verstand jedes einzelnen Spezialisten, der in irgendeiner Weise für andere Menschen Folgenreiches bewirken kann, mit einem ständig präsenten »kurzen Draht« zur Betrachtung größerer Zusammenhänge seiner Tätigkeit ausgestattet werden. So könnte ein Spezialist mit höherer Wahrscheinlichkeit beim Planen das Risiko eines erheblichen Schadens, dem er sich und/oder weitere Personen mit einem bestimmtem Handeln aussetzen würde, erkennen und daraufhin der Gefahr ausweichen.

**4**

Teilnehmer an einem Markt brauchen etwas, das es ihnen erleichtert zu begreifen, wie sehr der Markt, der ihnen ihr Handeln ermöglicht, auf ein Rechtssystem angewiesen ist, und besser zu verstehen, dass die Qualität des Rechtssystems von der Funktionsfähigkeit besonderer staatlicher Strukturen abhängt. Dabei sollte den Teilnehmern auch bewusster werden, wie sehr die Aufrechterhaltung der für sie wichtigen staatlichen Strukturen auf ihren eigenen Beitrag angewiesen ist und worin der Beitrag bestehen kann.

**5**

Benötigt wird etwas, das es möglichst vielen Teilnehmern am Staat erleichtert, ihre jeweilige Situation und ihre Handlungsoptionen im größeren Zusammenhang zu verstehen. Damit würden sie tendenziell fähiger werden, Eigenverantwortung zu übernehmen und nach Möglichkeit nur das, was sie selbst nicht zu leisten vermögen, größeren sozialen Einheiten zuzuweisen. So könnten am ehesten Entscheidungen der regierenden Personen auf ein Maß reduziert werden, das sie erfolgreich im Sinne bestimmter Intentionen auszufüllen vermögen.

**6**

Den einzelnen Teilnehmern am Staat sollte es leichter gemacht werden, ihre jeweilige individuelle Existenz und besondere persönliche Interessen auf das politische Geschehen im Staat und darüber hinaus zu beziehen. Je besser der Einzelne diese Zusammenhänge erfasst, umso eher ist er in der Lage zu beurteilen, ob ein in der Theorie gefordertes politisches Ziel aus seiner Sicht erstrebenswert ist, was das Erreichen des Ziels für unbeabsichtigte Nebenwirkungen haben könnte und ob ihm auch diese wünschenswert erscheinen, ob das Ziel auf dem in der Theorie propagierten Weg unter den real gegebenen Bedingungen überhaupt eine Chance hat, verwirklicht zu werden.

**7**

Möglichst viele einzelne Teilnehmer am Staat brauchen kürzere Wege zum Begreifen, was für Nachteile und Vorteile es für ihre jeweiligen persönlichen Interessen, die Belange einer Gruppe, der sie sich zugehörig fühlen, und für Funktionen des Staates, auf die sie angewiesen sind, mit sich bringt, wenn die Regierung bestimmte Entscheidungen trifft. Je mehr Teilnehmer für sich oder ihre Gruppe klar erkennen, dass eine bestimmte Entscheidung für sie und ihnen wichtige Funktionen des Staates sehr nachteilig ist, umso eher suchen Personen aus diesem Kreis nach Möglichkeiten, sich gegen die Entscheidung zu wehren und anderes zu verwirklichen, das ihren Interessen mehr entspricht.

**8**

Möglichst viele Teilnehmer am Staat sollten auf kürzeren gedanklichen Wegen begreifen können, wie sehr in einer Welt mit vielen grenzüberschreitenden Einflüssen Wohlergehen und Niedergang des Staates in den Außenbeziehungen nicht nur von Regierungen sondern von allen Teilnehmern, die Bezüge zum Ausland haben, beeinflusst werden. Dazu müsste es den einzelnen Teilnehmern leichter gemacht werden, von ihren individuellen Befindlichkeiten aus zu erkennen, was ihre persönlichen Interessen in den Außenbeziehungen des Staates sind und was sie selbst dazu tun können.

Wenn politische Entscheider nicht hinreichend dazu imstande sind, die Option eines Militäreinsatzes gegen eine ausländische Macht in wichtigen Aspekten und möglichen Konsequenzen geistig zu erfassen, dann liegt es im Interesse der gegebenenfalls für das Begleichen der Kosten einstehenden und Opfer erbringenden Menschen, ein Instrument zu entwickeln, mit dem die Entscheider und möglichst weite Kreise der Bevölkerung die Chancen und Risiken, die sich aus einem Militäreinsatz ergeben, vorher gründlicher begreifen und in der Gegenüberstellung beurteilen können.

**9**

Es muss gezielter danach gefragt werden, welche Teile aus dem wissenschaftlich begründeten Wissen über unsere Welt der einzelne Mensch zur Orientierung in den komplexen Zusammenhängen seines Daseins am häufigsten brauchen kann. Dies wäre für lernende Menschen auch das wesentlichste, weil relativ nützlichste Wissen vom Kosmos, das ihnen zwischen Grundschule und Gymnasium vermittelt werden könnte.

**10**

Das Problem des Lernenden, mit einem riesigen wissenschaftlich begründeten, auf vielfältige Weisen zusammenhängenden Knäuel von Wissen über unsere Welt konfrontiert zu werden, sich im Klaren darüber zu sein, das Ganze nie beherrschen zu können und am Wert des Erlernens eines willkürlichen Ausschnittes zu zweifeln, ließe sich am ehesten mit einem Lerninhalt überwinden, der das Wissensknäuel zwar nur oberflächlich, aber doch so weit umgreift, dass der Lernende das Gefühl hat, mit seinem Verstand etwas von dem Ganzen zu erfassen.

**11**

Der Austausch zwischen Wissenschaftlern unterschiedlicher Ausrichtung, die sich mit dem genaueren Begreifen des Kosmos befassen, sollte erleichtert werden. Dazu benötigen alle Beteiligten den Zugang zu einer Gesamtbetrachtung des Kosmos, deren »Eingangstür« jedem von ihnen auswendig gelernt präsent ist. In diesem Rahmen müssen sich alle in derselben Sprache verständigen können. Darüber hinaus muss es einen Grund geben, der es jedem Beteiligten attraktiv erscheinen lässt, alle seine wissenschaftlichen Beiträge derart an die Gesamtbetrachtung anzuschließen, dass möglichst viele Wissenschaftler so viel wie möglich von seinen Beiträgen verstehen.

**12**

Gebraucht wird etwas, das es dem einzelnen Menschen bei persönlichem Verlangen erleichtert, wissenschaftlich begründete und religiöse Anschauung der Welt zu einer Gesamtdeutung zusammenzufügen, mit der er sich in einer ihn zufriedenstellenden Weise identifizieren kann. Dabei ist von der Prämisse auszugehen, dass es im Kosmos Details, Regelmäßigkeiten und Zusammenhänge von Körpern gibt, die wissenschaftlicher Erkenntnis zugänglich sind, und sich ein wissenschaftlich unzugängliches Geheimnis hinter dem Kosmos verbirgt, das der Grund für eine religiöse Deutung der Welt sein kann. Dies sollte man zum Anlass nehmen, sich eingehender mit der Frage zu befassen, was auf dem Stand der aktuell verfügbaren wissenschaftlichen Kenntnisse zu dem wissenschaftlich Ergründbaren und was zu dem Geheimnis gehört.

## Das Übereinstimmende der Probleme

Bei aller Unterschiedlichkeit haben alle erwähnten Probleme etwas mit dem naturgegebenen Mangel von Menschen zu tun, die Komplexität von Situationen, mit denen sie im Alltag konfrontiert werden, geistig zu erfassen, alle relevanten Aspekte in die Vorbereitung von Entscheidungen einzubeziehen, wenn dies eine wesentliche Voraussetzung dafür ist, im Sinne bestimmter Absichten erfolgreich sein zu können. Daraus abzuleiten ist die Forderung nach einem Verfahren, das es dem einzelnen Menschen ermöglicht, den Mangel so weit wie möglich auszugleichen.
Zur selektiven Betrachtung seines Vorhabens ist der Mensch bereits fähig. In Ergänzung dazu braucht er die Option einer alles umgreifenden Betrachtung, der er sein Vorhaben gegenüberstellen kann, um so möglichst alle dafür relevanten Aspekte zu ermitteln. Im größten Umfang der Betrachtung muss er das ganze Weltall einbeziehen können. Es muss ihm aber auch möglich sein, Teile daraus als Ganzheit zu definieren und sein Vorhaben in diesem Rahmen zu betrachten.

# Beschreibung des Erforderlichen

**Welche Anforderungen sind an das umgreifende Verstehen des Kosmos zu stellen?**

In immer weitere Ferne rückt, dass ein Mensch das ganze, in wissenschaftlichen Disziplinen und darüber hinaus hervorgebrachte Wissen über den Kosmos beherrschen könnte. So bedarf es einer anderen Herangehensweise. Einfach wäre es, wenn uns ein gefühltes Einssein mit dem Weltall genügen würde: Alles im Kosmos ist eins, und ich bin mit allem eins. Mehr darüber möchte ich nicht wissen. Sonst wäre ich meine Zufriedenheit los. Doch mit einer solchen Einstellung könnte sich kaum jemand in einem sozialen Umfeld, in dem wissenschaftlich fundierte Anwendungstechnik hoch bewertet wird, lange behaupten.

Auch mit einem in sich abgeschlossenen Verstehen einer willkürlichen Auswahl von einigen Merkmalen des Kosmos würden wir unbefriedigend wenig von ihm begreifen. Denn die Natur konfrontiert den Menschen mit mehr Merkmalen, die für ihn bedeutsam werden können. Darunter können auch Merkmale sein, die zuvor noch niemandem aufgefallen sind.

Der Kosmos wandelt sich. Etwas von ihm zu begreifen, ist für einen Menschen immer ein Ergebnis des Bezuges seiner aktuellen Befindlichkeit, die auf begrenzte Möglichkeiten der Wahrnehmung eingestellt ist, zu dem, was dem Menschen begegnet. Entsprechend entwickelt sich seine Deutung des Kosmos weiter. Deshalb muss der Mensch der von ihm zu lernenden umgreifenden Betrachtung des Kosmos vollkommen offen weitere diesbezügliche Erkenntnisse zuordnen können. Wenn eine zusätzliche Erkenntnis als zweifelsfrei gesichert erscheint und einen Widerspruch zu bisherigen Aussagen der umgreifenden Betrachtung darstellt, dann muss der Widerspruch durch eine inhaltliche Korrektur der umgreifenden Betrachtung überwunden werden können.

Nichts von dem, was irgendeine wissenschaftliche Disziplin beim aktuellen Stand als gesichert erkannt hat oder bei dem eine Chance besteht, nach genauerer Prüfung gesichertes Wissen werden zu können, darf mit dem Argument unterdrückt werden, die Theorie der umgreifenden Betrachtung würde sonst zu anspruchsvoll oder zu sperrig, um von jedem seiner Sinne mächtigen Menschen auswendig gelernt zu werden. Andererseits muss das, was der einzelne Mensch zu lernen hat, in seinen kleinen Kopf hineinpassen. Er muss es so wie seine Umgangssprache behalten können.

Wenn wir unser Menschsein nicht aufgeben wollen, dann muss die Zentrale unseres Begreifens des Kosmos im Kopf des einzelnen Menschen sein. Deshalb muss die zu verinnerlichende, umgreifende Betrachtung des Kosmos im Prinzip so strukturiert sein wie das riesige Wissen darüber, das der Mensch über einen Computer aus Informationsnetzen wie dem Internet abrufen kann. In diesem Zusammenhang stellt der Computer für den Menschen lediglich den Zugang zu einem Außenlager von Wissen dar, das nicht in seinen Kopf hineinpasst und das er gelegentlich auszugsweise benötigt. Der Mensch trifft die Entscheidung, was zu tun ist, in seinem eigenen Kopf, wobei ihm der Computer nie mehr als ein wichtiges Hilfsmittel ist. Alles zusammen stellt hohe Anforderungen dar.

**Wie lassen sich die Anforderungen erfüllen?**

Eine umfassende Betrachtung des Kosmos muss alles, was Menschen davon bisher mit ihren Sinnen wahrgenommen oder mittels technischer Geräte registriert haben, einbeziehen. Was ist das? Es sind Körper aus Energie. Entsprechend lautet die erste Frage: Was sind übereinstimmende Merkmale von allen Körpern, von allem, was aus Energie gemacht ist? Beim Beantworten der Frage werden kleinere Teilchen als ein Atom (Elementarteilchen, niedriger organisierte Teilchen, elektromagnetische Wellen) genauso betrachtet wie Pflanzen, Tiere, eine Galaxie und das Radiogerät, das ein Mensch anfassen, fühlen und sehen, von dem er mit seinem Gehörsinn Musik empfangen kann.

Die bei allen Körpern wiederkehrenden Merkmale lassen sich beschreiben und über Computer in einem Informations- und Wissensnetz, das Erkenntnisse und Meinungen über Details, Regelmäßigkeiten und Zusammenhänge des Kosmos enthält, registrieren. Das Ergebnis kann man sich als einen besonders dicken Knotenpunkt im Informationsnetz vorstellen. Mit diesem Knotenpunkt ist jeder in dem Informationsnetz beschriebene Körper verknüpft. Später prüft man regelmäßig oder aus besonderem Anlass, ob die diesbezüglichen Ansichten noch dem aktuellen Stand der Forschung entsprechen. Wenn erforderlich, werden sie korrigiert.

Nun stellt man alle Verdichtungen von Energie zu substantiellen Körpern in den Vordergrund der Betrachtung. Das sind Körper wie z. B. ein Atom, ein Molekül, eine biologische Zelle, ein Baum, ein Mantel, eine Lampe oder ein Planet. In einem solchen Körper finden – anders als in einem substanzlosen Körper – kleinere Körper einen Ausgleich zu etwas, dessen eigenständige Existenz auch dann noch weiter besteht, wenn ein Mensch es mit seinen Sinnen oder mit Hilfe von technischem Gerät registriert hat.

Damit ist bereits eine von vielen Antworten auf die Frage gefunden: Was sind übereinstimmende Merkmale von allen substantiellen Körpern hinsichtlich Körperbau und Verhalten? Darauf geht der Autor ausführlicher in *Das Einzigartige weg vom Einen* ein.

Im Ergebnis wird einem Menschen, der sich dem öffnet, Wissen über Vorkommnisse verfügbar, die er an sich und seiner Umwelt immer wieder erlebt. Sein Lern- und Erinnerungsvermögen reichen aus, um übereinstimmende Merkmale aller Körper und übereinstimmende Merkmale aller substantiellen Körper zumindest in einem einfachen Grad des Verstehens zu verinnerlichen und als ständige Orientierungshilfe in seinem Kopf zu tragen. Insoweit überrascht ihn das, was ihm widerfahren kann, nicht mehr; und er fühlt sich schon etwas sicherer in seinen Unternehmungen. Die übereinstimmenden Merkmale aller substantiellen Körper finden Eingang in das Informationsnetz. Weil deren Menge etwas kleiner als die Menge aller Körper ist, bilden sie auch einen etwas kleineren Knotenpunkt.

Nun nimmt man sich eine andere große Teilmenge aus allen Körpern – substantiellen oder substanzlosen Körpern – vor und fragt: Was für übereinstimmende Merkmale hinsichtlich Körperbau und Verhalten hat diese Auswahl? Sind deren übereinstimmende Merkmale formuliert, fasst man andere Körper im Geiste zu großen Teilmengen zusammen und stellt jeweils die gleiche Frage. Die übereinstimmenden Merkmale jeder Teilmenge werden im Informationsnetz gespeichert und bilden jeweils einen Knotenpunkt. Je mehr Körper in einer solchen Teilmenge auf ihre übereinstimmenden Merkmale hin untersucht werden, einen umso größeren Knotenpunkt bilden anschließend die im Informationsnetz zu speichernden Merkmale. Je weniger Körper als Teilmenge auf übereinstimmende Merkmale hin erforscht werden, einen umso kleineren Knotenpunkt bilden die Merkmale im Informationsnetz.

Man definiert aus der Menge aller Körper kleinere und immer kleinere Teilmengen. Für jede von diesen Teilmengen sucht man Antworten auf die Frage: In welchen Merkmalen stimmen ihre Körper überein? So schreitet man fort zu übereinstimmenden Merkmalen bei immer kleineren Teilmengen, bis man nahe bei der unverwechselbaren Individualität des einzelnen Körpers anlangt.

Beim Suchen nach übereinstimmenden Merkmalen von Körpern können alle Erkenntnisse genutzt werden, welche wissenschaftliche Disziplinen und vernetzteres Denken über den Kosmos gewonnen haben. Darüber hinaus kann durch neue Zusammensicht von Körpern auch bisher Unbekanntes ans Licht gelangen.

Die Antworten auf das Fragen nach Übereinstimmungen in Merkmalen von immer wieder anders zusammengedachten Teilmengen aller Körper werden im Informationsnetz gesammelt, so dass daraus eine große Zahl von Knotenpunkten entsteht. An jedem dieser Knotenpunkte ist zu erfahren, welche übereinstimmenden Merkmale eine bestimmte Teilmenge aller Körper aufweist. Dabei nehmen Informationen, Wissen und Meinungen im Informationsnetz eine Struktur an, deren Spektrum reicht von Merkmalen, die bei vielen Körpern übereinstimmen, bis hin zu Merkmalen, welche nur wenigen oder einem einzigen Körper zu eigen sind.

Die Kenntnis von den übereinstimmenden Merkmalen aller Körper und aller substantiellen Körper bildet die elementare Struktur des Wissens vom Kosmos, die der Mensch auswendig gelernt in seinem Kopf trägt. Das darüber hinausreichende Wissen von übereinstimmenden Merkmalen, das in den vielen Knotenpunkten des Informationsnetzes enthalten ist, wird seltener gebraucht. Es ist zu umfangreich, als dass es generell von Menschen auswendig zu lernen und präsent zu halten wäre. Mit Inhalten daraus befassen sich nur Experten, Schüler, Studierende und besonders Interessierte unter speziellen Gesichtspunkten.

**Suche nach einem Namen**

Der weitere Text des Buches bezieht sich immer wieder auf das eben Beschriebene. Deshalb geht es zunächst einmal um seine Bezeichnung.

Als Kriterien für die Auswahl des Begriffes sind zu nennen: Menschen möglichst aller weit verbreiteten Sprachen sollten ihn nach einer Zeit der Gewöhnung mühelos aussprechen können. Er sollte nicht so lang oder kompliziert sein, dass sein wiederholtes Vorkommen in einem Text das Lesen stören würde. Der Begriff darf nicht schon in einer Weise mit anderem Inhalt besetzt sein, dass er deshalb falsch verstanden werden könnte. Der Begriff soll aber auch kein reines Fantasieprodukt darstellen, sondern per se etwas Essentielles von seiner Bedeutung ausdrücken.

Der endgültige Begriff wird aus einer öffentlichen Diskussion hervorgehen. Wenn viele Menschen immer wieder das gleiche Wort verwenden und dasselbe damit meinen, dann ist klar, dass sich ein bestimmter Terminus durchgesetzt hat. Bis dahin erscheint es sinnvoll, das, worum es geht, mit einem provisorischen Wort zu versehen.

Das im Jahr 2006 erschienene Buch des Autors trägt den Titel *Das Einzigartige weg vom Einen*. Ins Lateinische übersetzt würde das Buch *Individuum ab uno* heißen. Darin wird der Blick auf einen einzigartigen Körper gelenkt. Zuvorderst gilt es, das Eine zu begreifen, in welchem der Körper mit allen anderen Körpern des Kosmos übereinstimmt. Dann geht es darum, das Eine zu erkennen, was bei dem Körper und auch bei bestimmten Teilmengen aus allen Körpern zu finden ist. Schließlich steht das im Vordergrund der Betrachtung, was den Körper zum Individuum macht.

*Individuum ab uno* in einem Text immer wieder ausgeschrieben zu finden, erschwert das Lesen. Deshalb werden die drei Worte zusammengezogen und zu *Indivabuno* verkürzt. Diese Bezeichnung verwendet der Autor in *Das Einzigartige weg vom Einen* für die umgreifende Strukturierung von Wissen. Er hält *Indivabuno* immer noch für eine geeignete Wahl. Doch um zu betonen, dass die endgültige Festlegung des Begriffes noch aussteht, ist im weiteren Text dieses Buches vom *Provisorium* die Rede, wenn das *Indivabuno* gemeint ist.

Was spricht sonst noch für den Begriff *Provisorium*? Er erinnert seinen Benutzer immer wieder daran, dass es sich bei der umgreifenden Strukturierung von Wissen bis zum Ende der Menschheit fortwährend um eine Baustelle handelt, etwas, das immer wieder darauf hin zu prüfen sein wird, ob es noch dem gerade aktuellen, wissenschaftlich begründeten Kenntnisstand über Regelmäßigkeiten, Zusammenhänge und Details des Kosmos entspricht. Tut sich diesbezüglich eine Lücke auf, dann müssen die betreffenden Inhalte der umgreifenden Betrachtung entsprechend angepasst werden. Auf Dauer wird der Begriff *Provisorium* vermutlich als zu inhaltsleer erscheinen. Andererseits hält ein Provisorium manchmal besonders lang. Wie dem auch sei: Wichtig für Sie ist es zu wissen, was *Provisorium* bedeutet, wenn Sie bei der weiteren Lektüre dieses Buches darauf stoßen. Gefällt Ihnen das Wort *Indivabuno* besser, dann denken Sie daran, wenn vom *Provisorium* die Rede ist. Oder Sie selbst denken sich eine Bezeichnung aus, die Ihnen am allerbesten gefällt.

**Mit dem *Provisorium* ein Risiko ermitteln, ein Problem angehen sowie Chancen erkennen, ein Projekt verwirklichen**

Alles, was sich im Rahmen von wissenschaftlichen Disziplinen als das Effektivste bewährt hat, um bestimmte Probleme zu lösen, um bestimmte Arten von Projekten und Zielen zu verwirklichen, um Risiken bestimmter Zustände und Entwicklungen umfassend zu erkennen und zu bewerten, wird auch in Zukunft so lebendig bleiben, wie oft es als nützlich beurteilt werden wird. Vieles von dem Bewährten kann zusammen mit dem *Provisorium* ähnlich praktiziert werden, wie die folgenden Ausführungen über Vorgehensweisen andeuten. Der Mehrwert des *Provisoriums* in Bezug auf das Erkennen von Risiken, im Hinblick auf das Lösen von Problemen und das Verwirklichen von Projekten besteht in der Systematik von Gesamtbetrachtungen definierter Mengen von Körpern, die im Kopf des einzelnen Menschen verankert wird. Sie zeichnet sich durch komplette Barrierenfreiheit bzw. ein Höchstmaß an Offenheit für Verknüpfungen von Informationen und Wissen aus.

Jemand möchte ein Problem lösen, z. B. von einer gesundheitlichen Beeinträchtigung befreit werden, eine Schuldenlast loswerden. Oder er setzt sich das Ziel, als Vertreter der Regierung mit einem anderen Staat ein Handelsabkommen zu schließen. Dies sind Beispiele, stellvertretend für viele, in denen es darum geht, von einem Ist-Zustand zu einem Wunsch-Zustand zu gelangen. Der Ist-Zustand und der Wunsch-Zustand unterscheiden sich in ihrer jeweiligen Kombination bestimmter Merkmale voneinander. Je mehr beachtet werden muss, um erfolgreich vom einen zum anderen zu gelangen, umso größer ist die Gefahr, dass in der Vorbereitung wichtige Aspekte vernachlässigt werden und das angestrebte Ziel verfehlt wird. Um dies zu vermeiden, kann es nützlich sein, sich des *Provisoriums* zusammen mit Informationsnetzen wie dem Internet zu bedienen.

Derjenige, der etwas ändern will, geht so vor: Er beschreibt den einzigartigen Ist-Zustand möglichst genau, in möglichst vielen Merkmalen. Den Ist-Zustand kann man auch als Ist-Körper bezeichnen. Außerdem beschreibt der Änderungswillige den Wunsch-Zustand oder Wunsch-Körper. Er gibt die Merkmale des Ist-Körpers und die Merkmale des Wunsch-Körpers in ein Informationsnetz ein. Er lässt im Informationsnetz nach übereinstimmenden Merkmalen der beiden Körper suchen. Gibt es eine oder mehrere Möglichkeiten, um zum Wunsch-Körper zu gelangen, dann zeigt das Informationsnetz als eines der übereinstimmenden Merkmale der beiden Körper die bedingten Optionen des Ist-Körpers an, sich zum Wunsch-Körper hin verändern zu können. Das Informationsnetz kann zu jedem Zwischenschritt auf dem Weg zum Wunsch-Körper Merkmale von Optionen der Weiterentwicklung des Körpers zeigen, wobei auch Risiken deutlich werden können. Zu jedem Risiko kann das Informationsnetz Optionen der Reduktion wie der Steigerung von Risiken zeigen, soweit es solche Optionen gibt und diese im Informationsnetz registriert sind. So kann das Informationsnetz den Änderungswilligen darauf hinweisen, welche Aspekte auf dem Weg vom Ist-Körper zum Wunsch-Körper für das Gelingen wichtig und deshalb zu beachten sind – selbstverständlich immer begrenzt auf den aktuell verfügbaren Kenntnisstand. Auch Hinweise auf bestimmte Expertenbereiche, deren Kenntnisse und Fähigkeiten zum Gelingen des Vorhabens beitragen können, sind möglich. Bezieht der Änderungswillige solche Hinweise in seine Überlegungen auf dem Weg zum Wunsch-Körper ein, so erhöht sich die Wahrscheinlichkeit, dass er keine relevanten Aspekte unberücksichtigt lässt und sein Ziel erreicht.

Jemand hat mit einem Ist-Körper, der ein Problem aufweist, zu tun und möchte den Körper von dem Problem befreien. Aber dazu müsste er mehr über den ursächlichen Zusammenhang des Problems wissen. Dann hat er die Möglichkeit, Merkmale des Problems in das Informationsnetz einzugeben und den Computer nach anderen Körpern suchen zu lassen, die sich ebenfalls durch diese Merkmale auszeichnen. So kann er ermitteln, ob der Ist-Körper und andere Körper, die in den betreffenden Merkmalen übereinstimmen, einem bestimmten größeren Körper zuzuordnen sind, ob die Lösung des Problems bei diesem größeren Körper, das bedeutet, in einem komplexeren Bezug ansetzen muss. Oder er kann feststellen, ob andere Körper der Menge mit den übereinstimmenden Merkmalen über Optionen verfügen, von den Problemmerkmalen wegzukommen.

Jemand möchte wissen, ob ein Ist-Körper mit bestimmten Merkmalen unbeabsichtigte Nebenwirkungen erzeugt: Er gibt Merkmale des Ist-Körpers in das Informationsnetz ein und sucht nach allen im Informationsnetz verfügbaren Körpern mit entsprechenden Merkmalen. Gibt es solche Körper, dann ist vielleicht auch der eine oder andere darunter, für den mehr Merkmale und auch Merkmale von Nebenwirkungen verzeichnet sind. Darauf aufmerksam geworden, zeigt eine genauere Betrachtung der verzeichneten Merkmale des Vergleichs-Körpers möglicherweise, ob diese Merkmale auch für den Ist-Körper gelten. Ist dies der Fall, dann kann geprüft werden, ob die Nebenwirkungen in Kauf zu nehmen, ob sie im Sinne bestimmter Intentionen nützlich sind und womöglich aktiv gefördert werden sollten oder ob aufgrund ihrer Schädlichkeit versucht werden sollte, die Nebenwirkungen zu lindern oder zu unterbinden. Will jemand wissen, ob ein Wunsch-Zustand oder Wunsch-Körper unbeabsichtigte Nebenwirkungen haben würde, geht er im Prinzip genauso vor. Das Ergebnis der Recherche kann sein, dass er seinen Wunsch weiter verfolgt oder aufgibt.


## Erarbeiten der Antworten auf die zuvorderst zu stellenden Fragen

Zuvorderst muss das umgreifende Verstehen des Kosmos, beginnend mit der Frage nach den übereinstimmenden Merkmalen aller Körper und dann von immer wieder anders zusammenzustellenden Teilmengen aus allen Körpern erarbeitet werden. Grundlage dazu sind entsprechende Erkenntnisse wissenschaftlicher Disziplinen. Erkenntnisse, die fehlen und ohne die die Frage nach den übereinstimmenden Merkmalen aller Körper und die Frage nach übereinstimmenden Merkmalen aller substantiellen Körper nicht hinreichend beantwortet werden können, müssen hinzugewonnen werden.

Mit welchem Vorgehen verbinden sich die besten Aussichten, das Vorhaben zu verwirklichen? Man stelle sich vor, Wissenschaftler verschiedener Disziplinen, welche sich der Beschreibung des Kosmos widmen, setzen sich an einem großen Tisch zusammen. Jeder Teilnehmer hat einen leeren Notizblock vor sich. Nun wollen alle gemeinsam das *Provisorium* erarbeiten, beginnend mit der Frage nach den übereinstimmenden Merkmalen aller Körper. Wie gehen sie vor? Vermutlich hält jeder Teilnehmer einen Vortrag über das, was seine wissenschaftliche Disziplin ist und was davon seiner Ansicht nach unbedingt in den gemeinsamen Text aufgenommen werden muss. Weil er Fachbegriffe verwendet, mit denen nicht alle anderen Teilnehmer vertraut sind, stellen sie vielleicht ein paar Fragen, die der Referent beantwortet. Womöglich wendet ein Kollege aus dem Fachbereich des Referenten ein, er würde die Akzente hinsichtlich des für die Disziplin Wesentlichen etwas anders setzen. Dann tritt ein Referent einer anderen wissenschaftlichen Disziplin ans Pult. Die Prozedur setzt sich fort, bis jeder Teilnehmer seinen Vortrag gehalten hat und das anschließende Gespräch darüber beendet ist. Auf dem Notizblock eines Teilnehmers, der aufmerksam zugehört und mitgeschrieben hat, steht nun zu jedem Vortrag das ihm wichtig Erscheinende. Angenommen, alle Teilnehmer sind so fleißig gewesen: Wenn sie ihre Notizen miteinander vergleichen, dann stellt sich heraus, dass man zwar eine Strichliste darüber machen kann, welche Äußerung eines bestimmten Vortrags wie oft für wert gehalten wurde, aufgeschrieben zu werden. Aber die Teilnehmer tun sich schwer, daraus eine Synthese zu formulieren, die alle gutheißen.

Einfacher gestaltet sich die Arbeit, wenn den Teilnehmern ein Entwurf vorliegt, den sie kapitelweise oder den Seitenzahlen folgend gemeinsam erörtern können. Dann haben sie einen Leitfaden, der zielführender ist. Sie können an Details des Entwurfs so oft, sie wollen, den Rotstift ansetzen, solange alle im Blick behalten, warum sie zusammengekommen sind. Wie ein solcher Entwurf als Vorlage zur weiteren Bearbeitung aussehen kann, zeigt der Autor in *Das Einzigartige weg vom Einen*.


## Festlegen von Lernportionen und Lernpaketen

Neben dem Erarbeiten von Antworten auf das Fragen nach übereinstimmenden Merkmalen aller Körper bzw. von Teilmengen aller Körper wird das im Informationsnetz versammelte Wissen in Lernportionen zu stückeln sein.

Anfänglich sind die Inhalte der Lernportionen noch weitgehend identisch mit Beschreibungen aus wissenschaftlichen Disziplinen und aus interdisziplinären Forschungsbereichen. Der Inhalt einer wissenschaftlichen Disziplin wird in eine Anzahl von Lernportionen geteilt. Dabei ist auf jeweils kleine Wissensmengen zu achten, um dem Lernenden möglichst viele Kombinationsmöglichkeiten zu bieten. Unterteilungen der

Lernportionen müssen aber auch sachlich sinnvoll sein. Soweit es die Inhalte zulassen, soll jede einzelne Lernportion so zugeschnitten sein, dass ein Lernender in ihr eine standardisierbare, aussagekräftige Prüfung ablegen kann, deren Ergebnis offiziell anzuerkennen ist. Sind aufeinander aufbauende Lerninhalte über mehrere Portionen verteilt, so müssen sie entsprechend gekennzeichnet werden. Später werden die Inhalte der Lernportionen – wissenschaftlichen Fortschritten Rechnung tragend – zu aktualisieren sein. Darunter werden sich voraussichtlich auch wissenschaftliche Ergebnisse finden, welche sich erst aufgrund der Verfügbarkeit des *Provisoriums* offenbaren.

Lernportionen können in verschiedenen Graden des Anspruchs im Schul- und Hochschulunterricht vermittelt werden. Ein Lernwilliger kann sich sein Leben lang in einer Vielzahl von Lernportionen individueller Zusammenstellung qualifizieren.

Schülern und Studenten, welche einen allgemeinen Bildungsabschluss, eine speziellere Qualifizierung mit offiziell anzuerkennendem Examen oder einen Qualifikationsnachweis für einen Beruf anstreben, können hierfür besondere Regeln auferlegt werden. Für sie können aus bestimmten Lernportionen standardisierte Lernpakete geschnürt werden.

# Was bringt das *Provisorium*?

Was die Zukunft mit sich bringen, wie lange es die Menschheit noch geben wird, weiß keiner. Trotz der Unsicherheit wollen Menschen gerne wissen, was mit relativ großer Wahrscheinlichkeit unter bestimmten Bedingungen auf sie zukommen wird, in der Hoffnung, sich mit der Vorhersage ein bisschen besser auf künftige Entwicklungen, Ereignisse und Zustände einstellen zu können. Obwohl die Prognose des Wetterberichts sich nicht immer bestätigt, machen manche Menschen davon abhängig, ob sie zu einem Gang im Freien einen Regenschirm bei sich tragen möchten.

Was genau das *Provisorium* bewirkt, wird sich erst dann zeigen, wenn Millionen Menschen damit umgehen werden. Einstweilen kann man nur mit Überlegungen, die eine gewisse Plausibilität für sich haben, vermuten, dass Menschen sich zusammen mit dem *Provisorium* eher in der einen und eher nicht auf andere Weise verhalten, dass sie *tendenziell* etwas Bestimmtes tun werden. Das bedeutet: Gegenläufige Einflüsse, die die beschriebene Tendenz neutralisieren oder überkompensieren, erscheinen möglich. Wem dies unbefriedigend erscheint, der vergegenwärtige sich, dass am Beginn von allem, was Menschen zur Erweiterung ihrer Daseinsmöglichkeiten erfinden, eine Prognose steht, von der noch niemand sicher weiß, ob sie genauso eintreffen wird. Auf die Wahrnehmung einer Chance, mehr Optionen zur Gestaltung des eigenen Daseins zu erlangen, möchten die wenigsten verzichten, auch wenn später die Meinungen darüber auseinandergehen, was aus den hinzugewonnenen Möglichkeiten gemacht werden sollte.

**Das *Provisorium* lässt sich von unterschiedlichen gesellschaftlichen Gegebenheiten aus nutzen**

Soweit ein Staat seinen Heranwachsenden allgemeinbildenden Schulunterricht bietet und eine Anzahl von Teilnehmern über Computer Zugang zu Informationsnetzen hat, sind Voraussetzungen für die Nutzung des

*Provisoriums* vorhanden. Diesbezügliche Unterschiede zwischen verschiedenen Staaten gibt es dann noch im Anteil der Bevölkerung, der eine allgemeinbildende Schule besucht, darin, bis zu welchen Graden des Anspruchs die Ausbildung von wie vielen Heranwachsenden reicht und wie viele von ihnen Zugang zu Computern und Informationsnetzen haben. Je mehr Menschen in einem Staat eine allgemeine, über die Grundschule hinausgehende Ausbildung erfahren und je mehr von ihnen Zugang zu Informationsnetzen haben, umso mehr Menschen sind auch in der Lage, etwas mit dem *Provisorium* anfangen zu können.

### Die Anwendung des *Provisoriums* erleichtert es, umsichtig egoistisch zu sein

Was beschäftigt fast jeden Menschen die längste Zeit seines Lebens am meisten? Es ist sein Wunsch, sich unbeschädigt durch den Alltag zu bringen. Glaubt er, in Eigeninitiative noch etwas aus seinem Leben machen zu können, dann dehnt er seine Existenz in Richtung des ihm wertvoll Erscheinenden aus, wo sich Gelegenheiten dazu bieten. Das ist in allen Menschen so angelegt.

Daraus lässt sich als Wegweiser für den längsten Lebensabschnitt fast jedes Menschen die Sicherung seiner Zukunft als oberste Verhaltenspriorität formulieren. Das Bemühen um den Gewinn seiner Zukunft ist jedem vertraut. Doch bekommt diese Verhaltensmaxime vom *Provisorium* zusammen mit der Nutzung von Informationsnetzen eine nie zuvor gekannte Unterstützung. Deswegen soll hier kurz darauf eingegangen werden, was die Maxime beinhalten kann.

Ein Mensch macht zum Maßstab seines Handelns im Alltag das, was seine Interessen am stärksten voranbringt. Dabei kann er sich einen unterschiedlich hohen Anspruch setzen. Er kann gerade so viel Zukunft im Sinn haben, dass er selbst die zum Überleben notwendige Nahrung zu sich nimmt, über ausreichende Kleidung verfügt und im Schlaf Erholung findet. Er kann seine persönliche Existenz immer weiter – hin zur nicht mehr nur sein Leben erhaltenden Befriedigung von Bedürfnissen – abzusichern versuchen. Er kann unter Zukunftssicherung den Aufbau einer Familie verstehen, die über sein Dasein hinaus besteht. Er kann Zukunftssicherung als seinen Beitrag zum Gedeihen eines Gemeinwesens begreifen. Das kann aus den wenigen Einwohnern eines Dorfes bestehen, wie auch die Mitglieder eines ganzen Staates umfassen. Ein Mensch kann das Miteinander einer internationalen Staatenwelt berücksichtigen. Sein Handeln kann am Prosperieren der ganzen Menschheit orientiert sein. Damit verbinden kann sich eine Abwehrhaltung gegen Anwendungstechnik, welche Menschen auf der Erde die Existenzgrundlage zu entziehen droht.

An der Menschenzukunft orientiertes Handeln kann sich im Konflikt zu anderem menschenzukunftorientiertem Handeln befinden. Dann sind den verschiedenen, in der Intention liegenden Werten unterschiedliche Rangstufen einzuräumen. Wenn sich einige Menschen in einer Notsituation befinden, aus der sie nur mit besonderen technischen Geräten zu bergen sind, und es gibt zu wenige davon, dann muss entschieden werden, wem aus der Gruppe die Hilfe versagt bleibt, was vielleicht seinen Tod zur Folge hat.

Ein Bergbauunternehmen kann mit der Ausbeutung einer Kupfermine einige Menschen beschäftigen, die sonst keine Erwerbstätigkeit finden würden. Wenn allerdings die Kupferförderung in ein Naturschutzgebiet eingreift, dessen Erhalt für sehr viel mehr Menschen wichtig ist, entsteht ein Konflikt zwischen zwei an der Menschenzukunft orientierten Zielen. Dann entscheidet sich die staatliche Autorität vielleicht für den Naturschutz und gegen den Kupferabbau, weil dies die Zustimmung des größeren Teils der Bevölkerung findet.

Mit der Menschenzukunft als Verhaltenspriorität vereinbar sind überlieferte Sitten und Gebräuche einer besonderen Kultur wie auch Regeln und Rituale einer Religionsgemeinschaft, soweit diese nicht vom Wunsch nach dem Menschsein abgekehrt sind, nicht mit Ansprüchen auf universell gültige Ausschließlichkeit vorgetragen werden und auch nicht das Vehikel sind, um anderen Menschen die eigene Willkür aufzuzwingen.

Sicherung der Zukunft von Menschen kann mit geringerer und größerer Umsicht gepflegt werden. Geringere Umsicht bedeutet, dass verhältnismäßig wenige relevante Gesichtspunkte in ein bestimmtes Verhalten einbezogen werden, während bei größerer Umsicht mehr Aspekte Berücksichtigung finden. Ein Verhalten, in welchem mehr relevante Aspekte beachtet werden, trägt eher weiter als ein Verhalten, das weniger relevante Aspekte einkalkuliert.

Je zugänglicher einem Menschen Wissen über unsere Welt in Zusammenhängen ist, umso tendenziell leichter hat er es, mit hohem Anspruch umsichtig egoistisch zu handeln. Wer über einen Computer Zugang zu

Informationen, Kenntnissen und Meinungen in Informationsnetzen hat und mit dem *Provisorium* vertraut ist, verfügt über ein größeres Potential zum Denken in Zusammenhängen als ein Mensch, der »bloß« einen an wissenschaftlichen Disziplinen orientierten Schulunterricht besucht und sich an einer Hochschule in einer oder mehreren wissenschaftlichen Disziplinen qualifiziert hat. Denn das von einer wissenschaftlichen Disziplin ausgehende Denken und anschließende Brückenschlagen zu anderen wissenschaftlichen Disziplinen bringt niemals die Qualität an Wissenskoordination zustande, zu welcher das *Provisorium,* kombiniert mit der Nutzung von Informationsnetzen, den Weg frei macht. Das *Provisorium* erleichtert es dem einzelnen Menschen, alle relevanten Aspekte in sein Handeln auf ein Ziel hin einzubeziehen – vorausgesetzt, er will diese Erleichterung. Gegebenenfalls verbessert der Mensch tendenziell seine Aussichten, das von ihm Gewünschte zu erreichen.

Sicherung der Menschenzukunft als oberste Priorität widerspricht Menschen, welche aus persönlichen Gründen oder religiösen Überzeugungen, die sie vielleicht mit Gleichgesinnten teilen, das höchste Glück im eigenen Tod und in der Überwindung des Menschseins sehen. Entsprechendes Denken und Handeln muss respektiert werden, soweit es nicht Menschen gegen ihren Willen die Verherrlichung des eigenen Todes aufzuzwingen versucht. Vereinbarungen über das Zusammenleben in einem Staat oder über einen Staat hinaus können niemanden daran hindern, selbstverantwortet aus dem Leben zu scheiden. Doch ist fast jeder nur eine sehr kurze Zeit seines Lebens von dem Wunsch beherrscht, das Menschsein zu überwinden. Denn jeder Mensch, der in drei Wochen noch Mensch sein will, nimmt Nahrung zu sich und schläft zeitweise, um Kraft für sein Weiterleben zu schöpfen. Wer hingegen aus freier Entscheidung sterben möchte und deswegen keine Nahrung mehr aufnimmt, verabschiedet sich bereits innerlich vom Menschsein. Er identifiziert sich nicht mehr damit. Er ist von seiner Geisteshaltung her schon kein Mensch mehr.

**Das Problem des Minderwertes lernbarer Wissensportionen überwinden**
(→ Problem 10)

Das riesige, über einen Computer aus Informationsnetzen abrufbare Wissen über unsere Welt ist vielfältig verwoben. Wer aus diesem Wissensknäuel eine lernbare Portion entnimmt, trennt Wissen von wesentlichen Zusammenhängen, was den Wert des isolierten Wissens als reduziert erscheinen lassen kann. Dann liegt es für den nach Wissen begehrenden Menschen nahe, auf das Lernen des isolierten Wissens zu verzichten und sich darauf zu beschränken, Wissen aus dem Knäuel nur im Bedarfsfall abzurufen. Doch damit lernt der Mensch zu wenig relativ beständiges Wissen zu seiner Orientierung.

Wer etwas aus dem riesigen Wissen lernen will, braucht als Erstes ein Verstehen des ganzen Knäuels, um das Gefühl zu haben, bereits das ganze Knäuel zu kennen. Nur dann treten Zweifel in ihm zurück, das Lernen eines Ausschnitts aus dem Knäuel habe keinen Sinn, weil es von Zusammenhängen getrennt werde, die kennenzulernen vielleicht wichtiger wäre.

Nun kommt der Einwand: Kein Mensch kann das ganze Knäuel kennen. Das Problem ist doch die begrenzte geistige Kapazität des Menschen, die sein Bemühen darauf reduziert, sich mit kleinen Portionen aus dem Knäuel zu befassen. Daran kommen wir nicht vorbei. Es geht also darum, eine kleine Menge Wissen zu erlernen, die ein Wissen vom ganzen Knäuel beinhaltet. Wie geht das? Das Dilemma lässt sich mit der Anwendung des *Provisoriums* überwinden. Die Frage lautet: Was sind Merkmale von allem, was sich in dem Knäuel befindet? Das Erfreuliche an der Antwort ist: Es geht nicht um so viel oder an den Lernenden so hohe Anforderungen stellendes Wissen, dass ein Mensch, der fähig ist, erfolgreich eine Ausbildung zwischen Grundschule und Gymnasium ohne das *Provisorium* zu absolvieren, eine unüberwindliche Mühe damit haben würde, auch dies zu erlernen.

## Die Vermittlung von wesentlichem Wissen über Zusammenhänge des Kosmos im Schulunterricht (→ Problem 9)

Darüber, was ein Heranwachsender in einem Unterricht bestimmten Anspruchsniveaus zwischen Grundschule und Gymnasium insgesamt über Phänomene der Welt, in der wir leben, lernen soll, kann man unterschiedlicher Meinung sein. Einen Teil davon macht das wissenschaftlich begründete Wissen über den Kosmos aus, das einem Menschen zur Orientierung in seinem Alltag nützlich sein kann. Im Hinblick auf dieses Wissen kann man sich vielleicht ganz allgemein am ehesten auf folgende Kriterien einigen: Es soll ein Lernstoff über Regelmäßigkeiten und Zusammenhänge unserer Welt sein, den ein Mensch immer wieder auf seinen Alltag beziehen kann, der dadurch besonders nützlich für ihn ist und den er deswegen relativ gut in Erinnerung behält. Ist ein Schüler hingegen froh, einen Lernstoff bis zum Bestehen seiner Prüfung zu behalten, um ihn anschließend erleichtert zu vergessen, dann erkennt er in dem Lernstoff eher kein Wissen, das für seine Orientierung im Alltag universell brauchbar ist.

Was das wesentliche Wissen im Einzelnen beinhaltet, ist damit allerdings noch nicht beantwortet. Der Mensch benötigt ein allumfassendes, auswendig lernbares Grundwissen über den Kosmos. Dieses Grundwissen muss im Prinzip genauso strukturiert sein wie das Knäuel von Wissen über unsere Welt, das über Computer aus Informationsnetzen wie dem Internet ausschnittweise zu empfangen ist.

Mit dem *Provisorium* als einem Hauptfach des Schulunterrichts lernt ein Heranwachsender zuvorderst das Wesentlichste von allem, was den Kosmos ausmacht. Er bekommt eine Antwort auf die Frage: Was sind übereinstimmende Merkmale von allem, was aus Energie gemacht ist? Diese Merkmale kann der Mensch auswendig gelernt in seinem Kopf tragen. Das Fragen geht weiter: Was sind übereinstimmende Merkmale aller substantiellen Körper – von Körpern, die durch inneren Ausgleich von Teilkörpern eine relative Ruhe finden? Auch solche Merkmale kann der Schüler in seinem Kopf behalten. Was sind übereinstimmende Merkmale von Körpern aus einer großen Teilmenge aller substantiellen Körper? Was sind übereinstimmende Merkmale von Körpern aus einer anders zusammengefassten großen Teilmenge aller Körper? Was sind übereinstimmende Merkmale von Körpern aus noch einer anderen großen Teilmenge? usw.

Der Schulabsolvent verinnerlicht die übereinstimmenden Merkmale aller Körper und aller substantiellen Körper des Kosmos; dem Ausbildungsanspruch entsprechend auch übereinstimmende Merkmale von Körpern anderer großer Teilmengen aus allen Körpern.

Über einem solchen Schulunterricht von Zusammenhängen und Regelmäßigkeiten des Kosmos schwebt seltener der Zweifel, ob es sich bei seinen Inhalten um für die Orientierung im Alltag wesentliches Wissen handelt, auch wenn die Erkenntnisse der Wissenschaft weiter zunehmen. Denn es ist Wissen, das besonders oft das betrifft, was der Mensch gerade wahrnimmt.

Zu Übungszwecken lernt ein Schulabsolvent auch, wie er übereinstimmende Merkmale von Körpern kleinerer Teilmengen aus allen Körpern finden kann. Aber wenn es sich bei solchem Wissen nicht um Kenntnisse handelt, die alle Schulabsolventen immer wieder im Leben benötigen, beschäftigt sich der Einzelne über den Schulunterricht hinaus nur bei Bedarf aus besonderem persönlichem Interesse damit. Bei der Auswahl dieses Anteils vom Lernstoff kann man unterschiedliche Schwerpunkte setzen.

Darüber hinaus ist das Einüben von Methoden der Recherche im Zusammenhang mit der Lösung von Problemen, mit der Verwirklichung von Projekten und Zielen, mit dem Erkennen und Bewerten von Risiken bestimmter Zustände und Entwicklungen unverzichtbar für denjenigen, der das *Provisorium* weitestmöglich für sich nutzen möchte.

**Bessere Voraussetzungen, im Schulunterricht zu zeigen, wie der Einzelne seine Lebensinteressen wahrnehmen kann**

Mit dem *Provisorium* wird es leichter, die Menschenzukunft mit höherem Anspruch zur obersten Verhaltenspriorität zu machen. Vielleicht wird dies die Lebenseinstellung des einen oder anderen Menschen beeinflussen. Damit verbindet sich auch die Chance, im Unterricht zwischen Grundschule und Gymnasium die Prioritäten etwas anders zu setzen. Es eröffnen sich günstigere Bedingungen, im Unterricht möglichst vielen Heranwachsenden in ihren jeweiligen individuellen Befindlichkeiten Fähigkeiten zu vermitteln, die es ihnen erlauben, nachhaltig beitragsfähige Stützen in einem gesellschaftlichen Zusammenhang zu werden, wobei immer auch die individuellen und gesellschaftlichen Potentiale der Veränderung bzw. die damit verbundenen Herausforderungen an die betroffenen Menschen zu berücksichtigen sind. Dann schaut man bei der Auswahl des obligaten Unterrichts mehr darauf, womit Menschen in ihrem Leben aus eigenem Verhalten in Schwierigkeiten geraten, und nimmt dies zum Anlass, die Schüler ausdrücklicher auf Optionen des Verhaltens zur Vermeidung bestimmter Probleme aufmerksam zu machen. Dies könnte z. B. Aspekte der Gesundheitsvorsorge, des privaten Umgangs mit Geld, des Verhaltens in Konfliktsituationen einbeziehen. Ein solcher Unterricht würde zwar nicht garantieren, dass alle Heranwachsenden die darin zu vermittelnden Kompetenzen mit der gleichen Offenheit annehmen und über ihre Schulzeit hinaus präsent halten. Manche würden womöglich alle Fehler machen, vor denen der Unterricht sie bewahren sollte. Aber einiges spricht dafür, dass bei brauchbarer Qualität des Unterrichts viele Menschen in Hinweisen, die ihnen darin vermittelt werden, ihr Eigeninteresse erkennen würden.

Dafür Mittel zu investieren, würde insbesondere für ein Gemeinwesen Sinn machen, das Mitglieder ungeachtet dessen, ob sie schicksalsbedingt oder aufgrund eigenen vorausgegangenen Verhaltens ihren Lebensunterhalt nicht allein aufbringen können, in sozialen Netzen auffängt. Denn ein solches Gemeinwesen muss darauf achten, dass seine sozialen Netze nicht über ein verkraftbares Maß hinaus beansprucht werden. Sonst ist irgendwann nicht mehr genug Geld da, das an anderer Stelle weggenommen und den sozialen Netzen zugeführt werden kann. Gerät das Gemeinwesen in eine solche Lage und will es trotzdem die Zuwendungen an Bedürftige aufrechterhalten, so geschieht dies vielleicht eine Zeit lang mit Erlösen aus der Privatisierung von Vermögen aus öffentlicher Hand, und wenn dieses Geld ausgegeben ist, nur noch mit zunehmenden Defiziten in öffentlichen Haushalten und inflationärer Geldvermehrung. Die daraus resultierenden Probleme können sich als noch größer erweisen.

An Transferzahlungen für Personen ohne privat gesicherte Versorgung, die aufgrund ihres jugendlichen oder zu hohen Alters, wegen einer Krankheit oder Behinderung keiner entgeltlichen Tätigkeit nachgehen können, die auf einem zu vereinbarenden niedrigen Niveau den Lebensunterhalt sichern würde, kommt das Gemeinwesen nicht vorbei. Auch für den Lebensunterhalt mittelloser Personen, die durch eigenes Verhalten in materielle Not geraten sind und deren eigene Anstrengungen nicht ausreichen, um sich daraus zu befreien, muss das Gemeinwesen vorübergehend oder dauerhaft, teilweise oder ganz aufkommen. Doch könnten sich mit der Einführung des *Provisoriums* die Aussichten verbessern, die Zahl derjenigen, die sich selbst in eine schwierige Lage bringen und deshalb von öffentlicher Unterstützung abhängig werden, durch vorbeugende Aufklärung tendenziell zu verringern. Wenn es eine Einrichtung gibt, die dazu einen Beitrag leisten kann, dann ist dies der Unterricht zwischen Grundschule und Gymnasium, der im Pflichtprogramm fast alle Heranwachsenden des Staates erreicht.

**Für viele am Staat teilnehmende Menschen wird es leichter zu erkennen, wenn es in ihrem Interesse liegt, mehr Einfluss auf das Regieren zu nehmen (→ Problem 5)**

Menschen sind nur sehr begrenzt dazu fähig, Informationen aufzunehmen, im Kopf zu verarbeiten und sich daran zu erinnern, auch wenn diese Fähigkeiten sich im Laufe eines Menschenlebens verändern und von Mensch zu Mensch unterscheiden können. Jeder Mensch denkt primär von seiner eigenen Interessenlage aus. Bis zu gewissen Graden kann er sich in die Lage eines einzelnen anderen Menschen, der Mitglieder seiner Familie, einiger weniger Personen, die seine Aufmerksamkeit finden, hineinversetzen. Doch je größer die Zahl der Personen wird, von deren Standpunkten aus er zu denken versucht, umso mehr stößt er an seine Grenzen. Diese Begrenztheit des einzelnen Menschen bleibt auch dann bestehen, wenn ihm in einer größeren Gruppe – zum Beispiel in einem Staat – eine Leitungsfunktion zufällt. Daraus ergibt sich: Je kleiner die Gruppe ist und je weniger ihre regierenden Personen zu bestimmen haben, umso eher sind diese ihren Aufgaben gewachsen. Je größer die Gruppe ist und je mehr ihre regierenden Personen zu bestimmen haben, umso eher sind diese durch ihre Aufgaben überfordert mit Folgen, welche die Gruppe und einzelne Menschen darin beeinträchtigen können. Je größer die eigene Gruppe, je bevölkerungsreicher und territorial größer der Staat ist, je mehr Kommunikation es zwischen Menschen auf der Erde gibt, umso mehr muss im Hinblick auf die gedeihliche Entwicklung der eigenen Gruppe im Kopf jedes einzelnen Teilnehmers regiert werden, soweit er dazu in der Lage ist. Damit allerdings sind Menschen allein auf Basis disziplinärwissenschaftlichen Denkens oder arbeitsteilig zugewiesener Kompetenz und ihrer bisherigen Lebenserfahrung in vielen Situationen überfordert. Betrachten Erbringer von Leistungen die Welt oft auf fachspezifische Weisen, die sich erheblich voneinander unterscheiden können, dann trägt dies nicht gerade zu einem Gefühl des Selbstvertrauens bei, alles, was das eigene Leben betrifft, hinreichend selbst beurteilen und sich von da aus in die Regierung des Staates einbringen zu können. Dass die meisten Menschen in einer arbeitsteiligen Welt von Leistungen anderer Menschen abhängig sind, nährt im einzelnen Menschen ein Gefühl von Hilfsbedürftigkeit.

So können Menschen Gefallen daran finden, sich mehr und mehr vom Staat, das heißt, von regierenden Personen bevormunden zu lassen. Umgekehrt kann der Wille Einzelner groß werden, anderen Menschen Vorschriften machen zu wollen, um das eigene Gefühl der Unsicherheit zu überspielen. Wenn z. B. ein Mensch es schafft, andere dahin zu bringen, seine Religion anzunehmen, dann wird er in seinem religiösen Bekenntnis seltener oder überhaupt nicht mehr durch den Anblick von Menschen anderer religiöser Bekenntnisse verunsichert. Doch die wenigen Regierenden, welche bevormunden, sind nicht deshalb, weil sie regieren, erfolgreicher, unter komplexen Bedingungen Entscheidungen zu treffen, als die vielen, die sich bevormunden lassen. Indem viele Menschen Entscheidungen für sich selbst einigen wenigen regierenden Personen überantworten, wird die Urteilsfähigkeit der regierenden Personen nicht unbedingt größer als ihre eigene. Die Urteilsfähigkeit der regierenden Personen müsste aber erheblich größer sein, wenn sie um ein Vielfaches folgenschwerere Entscheidungen treffen, als der einzelne Teilnehmer am Staat Entscheidungen für sich selbst trifft. Doch genau diese größere Befähigung wird regierenden Personen auch ohne sachliche Begründung oft zugetraut bzw. sie beanspruchen selbst, über diese Mehrkompetenz zu verfügen. Dies führt zwangsläufig jenseits der unausweichlichen Unzufriedenheiten über Ergebnisse aus Zielkonflikten und Verteilungskämpfen um knappe begehrte Güter zu vielen Enttäuschungen über regierende Personen, die an sie gestellte Erwartungen nicht erfüllen. Regieren, das die meisten Teilnehmer des Staates nicht mehr als unvermeidlich in ihren Möglichkeiten des Daseins beeinträchtigt, funktioniert anders.

Ralf Dahrendorf:

*»Wenn man die Hoffnung nicht teilt, dass ein unauffälliger, jedenfalls ungelenkter, ganz und gar herrschaftsfreier Diskurs wie von selbst zu allgemein akzeptierten Regeln und Werten führt, dann bleibt nur eine Antwort: irgendjemand muss den Ton angeben. … Ich meine natürlich nicht einen autoritären Ton, der uns anderen aufgezwungen wird, wohl aber einen, der mit Autorität angegeben wird. Das kann durch Institutionen erfolgen: das Bundesverfassungsgericht kommt dem für deutsche Verhältnisse schon nahe.«* (18)

Wer ist irgendjemand, der den Ton angibt? Kann eine Institution wie das Bundesverfassungsgericht in Deutschland diese Aufgabe erfüllen? Das Gericht hat eine wichtige, den Staat mittragende Funktion, was auch weite Kreise der Bevölkerung anerkennen. Allerdings sollte man von den Richtern als Tonangebern nicht zu viel erwarten. Denn zu dem hohen

Ansehen des Gerichts trägt wesentlich die Beschränkung seines Auftrags, über die Vereinbarkeit von Gesetzen mit dem Grundgesetz zu entscheiden beziehungsweise Recht zu sprechen, bei; außerdem, dass das Gericht den vielen Menschen, für die es zuständig ist, nicht mehr vorschreibt, als diese in ihren zum Teil sehr unterschiedlichen Befindlichkeiten für alle Geltendes befolgen können, ohne dies als allzu autoritären Ton und Zwang zu empfinden. Mehr von dem Gericht zu verlangen, häufiger Tonangebendes in individueller zu beurteilenden Sachverhalten, hieße das, was Recht vermag, und die Richter zu überfordern.

Beim Versuch, das große Feld der vom Bundesverfassungsgericht nicht zu leistenden Tonangaben auszufüllen, können auch Moralprediger nur enttäuschen, wenn deren Saat an ihren Adressaten vorbeifliegt, weil die Belehrer nicht genug darüber wissen oder gar nicht zur Kenntnis nehmen wollen, was ihre einzelnen Zuhörer in ihren besonderen Situationen und vereinbar mit ihren Daseinsinteressen tun können oder möchten.

Von Ausnahmebedingungen abgesehen, ist der einzelne Mensch die überwiegende Zeit seines Lebens selbst die Autorität, von der er sich am meisten vorschreiben lässt. Dem Willen eines anderen Menschen möchte er sich nur freiwillig unterwerfen. Außerdem weiß er meistens mehr über seine persönliche Lage und seine Anliegen als irgendwer sonst.

Viele einzelne Teilnehmer mit ihren unterschiedlichen Befindlichkeiten bilden gemeinsam einen Staat. Deshalb muss jeder von seiner individuellen Perspektive aus den Staat mitregieren. Fühlen sich die meisten von ihnen damit überfordert oder erscheint es ihnen zu unbequem, dann lautet die Frage: Was könnte sie zum bewussteren Mitregieren veranlassen?

Wer sich das *Provisorium* zu eigen macht, wird tendenziell fähiger, seine persönliche Lage in einem größeren komplexen Rahmen zu verstehen und auf dieser Basis seine Interessen zu artikulieren. Wer dazu in der Lage ist, kann eher erkennen, welche soziale Ebene dem Subsidiaritätsprinzip folgend welche Leistungen mit der relativ besten Aussicht auf Erfolg zu erbringen vermag. Der Einzelne durchschaut leichter, wenn eine höhere soziale Ebene zum Erbringen einer bestimmten Leistung fähiger ist als er selbst. Entsprechend erkennt er auch eher, wenn es in seinem Interesse liegt, eine bestimmte Leistung selbst zu erbringen, eine höhere soziale Ebene darin schlechter ist. Er begreift leichter, was für indirekte Nachteile es für ihn mit sich bringt, wenn er eine bestimmte Leistung zwar genauso gut oder besser als eine höhere soziale Ebene erbringen kann, er das Erbringen der Leistung aber auf eine höhere soziale Ebene abschiebt.

Das Vertrauen des einzelnen Anwenders, selbst kompetente Entscheidungen treffen zu können, nimmt tendenziell zu. Er neigt eher weniger dazu, sich die Ausgestaltung seines Lebens mehr vom Staat vorschreiben zu lassen, als dies seiner gedeihlichen Koexistenz mit der übrigen Bevölkerung zuträglich und notwendig ist. Je mehr Teilnehmer an einem Staat darin eine Chance für sich erkennen, auf tendenziell umso mehr Menschen verteilt sich das Einflussnehmen im Staat. Das Problem des Überfordertseins einiger weniger, im Namen vieler den Staat zu regieren, verliert tendenziell an Schärfe.

## Begrenzte Kompetenz und vernetzteres Denken stellen für Experten seltener ein Dilemma dar (→ Problem 2)

Wer als Experte von einer wissenschaftlichen Disziplin aus einen bestimmten Sachverhalt zu beurteilen versucht, kann in ein Dilemma geraten. Einerseits verfügt er nur in einem gewissen Rahmen über eine allgemein anerkannte Qualifikation. Andererseits soll er über sein Fachgebiet hinaus »vernetzt« denken.

Wer das *Provisorium* in seinem Kopf trägt, gilt vielleicht auch als Experte in einem bestimmten zugebilligten Rahmen. Doch anders als ein nur disziplinär ausgebildeter Experte denkt er beim Beurteilen eines besonderen Sachverhaltes zuerst vom Ganzen her. Er fragt, welches Spezialwissen dazu benötigt wird. Reichen seine eigenen Kenntnisse dazu aus? Wenn nicht, lauten die Fragen: Was für andere Experten müssen hinzugezogen werden? Ist es sinnvoll, mich selbst in zusätzlichen Lernportionen zu qualifizieren? Anfechtbar macht er sich – im Prinzip genauso wie zuvor auch schon – mit Äußerungen zu Inhalten von Lernportionen oder Lernpaketen, für die er sich als nicht hinreichend qualifiziert erweist.

## Mehr Systematik der Verknüpfung des riesigen Wissens über unsere Welt im Computer (→ Probleme 2 und 6)

Speichert man das Wissen der herkömmlichen wissenschaftlichen Disziplinen zur Beschreibung des Kosmos in Computer und überlässt es den Nutzern, dieses Wissen bei Bedarf beliebig zu verbinden, mit Netzen der

Zusammenhänge zu überziehen, dann wird das Ergebnis wesentlich davon bestimmt, was die Nutzer für Ideen haben, von einem Wissen aus bestimmtes anderes Wissen zu suchen. Entsprechend unsystematisch sind die Verknüpfungen von Wissen in dem daraus resultierenden Wissensknäuel. In einigen Bereichen des Knäuels gibt es vielleicht relativ viele, in anderen weniger oder gar keine Verknüpfungen.

Geht man hingegen vom Fragen nach übereinstimmenden Merkmalen von Körpern aus, sucht zuvorderst nach den übereinstimmenden Merkmalen aller Körper, nach den übereinstimmenden Merkmalen aller substantiellen Körper, dann nach übereinstimmenden Merkmalen anderer großer Teilmengen aller Körper, nach übereinstimmenden Merkmalen kleinerer und immer kleinerer Teilmengen und verknüpft dementsprechend das riesige Wissen zu Knotenpunkten, so kommt eine Systematik zustande, die besonders da, wo vieles mit vielem zusammenhängt, lückenlosere, umfassendere Ergebnisse bei der Abfrage erwarten lässt.

Wer eine Entscheidung unter komplexen Bedingungen trifft und dazu das riesige, über Computer zugängliche Informations- und Wissensknäuel nutzt, bekommt daraus auf aktuell verfügbarem Kenntnisstand zusammen mit dem *Provisorium* zuverlässiger vollständige Hinweise, welche für sein Vorhaben relevanten Aspekte zu berücksichtigen sind. Er bekommt auch zuverlässiger vollständige Antworten, wenn er wissen will, was für Gefahren aus einem bestimmten Zustand oder einer bestimmten Entwicklung von Körpern drohen und was er gegen die Gefahren tun könnte.

## Mehr Überprüfung von Hinweisen aus Informationsnetzen und weniger fehlgeleitete Entscheidungen (→ Probleme 2 und 3)

Je folgenreicher ein Mensch mit seinem Handeln seine Umwelt beeinflussen kann, umso riskanter ist es, das, was zu tun ist, bloß aufgrund von Hinweisen aus einem Informationsnetz ohne eigenes geistiges Nachvollziehen zu befolgen. Dies zu tun, liegt allerdings für einen Laien wie auch für einen nur auf disziplinärwissenschaftlicher Grundlage oder nach Vorgaben einer Arbeitsteilung denkenden Experten nahe. Denn er verfügt über keine oder nur eine begrenzte fachliche Kompetenz. Für alles darüber hinaus Reichende sind andere zuständig. Dann neigt der Laie oder Experte dazu, Informationen, Wissen und Verhaltensempfehlungen, die er aus Informationsnetzen empfängt und deren Beurteilung ihm nicht zusteht oder er sich nicht zutraut, ohne genaueres Hinterfragen anzunehmen.

Die Nutzung des *Provisoriums* hält einen Menschen tendenziell von solch fahrlässigem Verhalten ab. Denn das *Provisorium* ist im Prinzip so strukturiert wie das Informations- und Wissensknäuel, das über einen Computer zugänglich ist. Wer das *Provisorium* verinnerlicht, hat damit die Zentrale der Entscheidung für sein Handeln im Kopf. Der Computer und die über ihn erreichbaren Informationsnetze sind nur Hilfsmittel zum Speichern und Abrufen von Informationen und Wissen, welche der Mensch wegen ihrer großen Menge seinem Kopf ausgelagert bereithält.

Informationen bzw. Wissen über unsere Welt in Informationsnetzen werden einhergehend mit der Einführung des *Provisoriums* systematischer hinsichtlich übereinstimmender Merkmale von Körpern verknüpft. Auf die Struktur des Informations- und Wissensknäuels, das aus den Verknüpfungen entsteht, ist das Denken des Menschen, der das *Provisorium* in seinem Kopf trägt, eingestellt. In dem Knäuel gibt es keine Inhalte, die unkritisch zu übernehmen er sich als Laie oder begrenzt kompetenter Experte veranlasst sehen würde. Erhält der Mensch von einem Informationsnetz eine Empfehlung, etwas Bestimmtes zu tun, und fühlt sich unsicher damit, dann hält er sich eher für hinreichend kompetent und ist es ihm eher möglich, in Informationsnetzen zu recherchieren und zu prüfen, was die Empfehlung bedeutet. Relativ leicht kann ein Mensch eine Empfehlung aus einem Informationsnetz geistig nachvollziehen, wenn er sich darunter etwas vorstellen kann. Höhere Anforderungen stellt eine Empfehlung aus einem Informationsnetz an den Entscheider, wenn es um einen unvorstellbaren Körper geht. Wie geht der umsichtige Entscheider dann vor? Er sucht mit der für den Körper charakteristischen Kombination von Merkmalen nach Optionen des Verhaltens, über die der Körper verfügt. Ist darunter eine Verhaltensoption des Körpers, die den Absichten des Entscheiders förderlich erscheint, dann versucht dieser eventuell, sich den Vorteil zunutze zu machen. Ist darunter eine Verhaltensoption des Körpers, die den Absichten des Entscheiders schaden könnte, dann bezieht dieser den Körper eher nicht in sein Handeln ein oder versucht, die bedrohliche Verhaltensoption des Körpers einzuschränken oder zu blockieren. Findet der Entscheider nur sehr wenige oder gar keine Informationen über Verhaltensoptionen des unvorstellbaren Körpers, dann meidet der Entscheider es nach Möglichkeit ebenfalls, einen Einfluss des Körpers auf die Handlung zuzulassen. Der umsichtige Entscheider sammelt solange Informationen und Wissen rund um eine Empfehlung aus dem Informationsnetz, bis er sich sicher genug fühlt, dass das Befolgen der Empfehlung seinem Vorhaben dienlich ist. Verfügt der Mensch jedoch nicht über die nötige Zeit dazu oder gelangt er auch bei sorgfältiger Erkundung zu keinen Einsichten, die ihm die Empfehlung Erfolg versprechend erscheinen lassen, dann verzichtet er konsequenterweise darauf, die Empfehlung zu befolgen, wenn er keinem besonderen Zwang zum Handeln unterliegt.

Dies schützt einen Menschen freilich nicht davor, beim Vorbereiten seiner Entscheidung für bestimmtes Handeln einen Computer versehentlich falsch zu bedienen, den daraufhin in die Irre führenden Hinweis aus dem Informationsnetz in die Entscheidung einfließen zu lassen und deswegen den Zweck des Handelns zu verfehlen – ungefähr so, wie sich eine Kassiererin im Supermarkt vertippen kann.

## Das *Provisorium* erleichtert die Prüfung der Vertrauenswürdigkeit von Expertenleistungen (→ Probleme 1 und 3)

Examinierte Experten auf einem bestimmten Gebiet beraten und handeln nicht immer so, wie dies im Interesse derer läge, die von ihnen eine fachliche Leistung erwarten. Dies kann daran liegen, dass der Experte überfordert ist, weil er sein Gebiet nicht ausreichend beherrscht oder weil er zu wenig über die Befindlichkeit seines Auftraggebers bzw. darüber weiß, was dieser von ihm erwartet. Ein Arzt stellt seinem Patienten vielleicht deshalb keine richtige Diagnose, weil der Patient zuvor sein Leiden nicht genau genug beschrieben hat. Ein Vermögensberater kennt die Verhältnisse seines Kunden nicht und macht ihm deshalb einen unpassenden Vorschlag. Es kann auch sein, dass der Experte, die Unwissenheit seines Auftraggebers ausnutzend, mit einer für diesen unbefriedigenden Leistung den größeren materiellen Nutzen für sich selbst erzielt. Ein Arzt kann seinem Patienten mit einer medizinisch falschen Krankheitsdiagnose die Anwendung einer teureren Therapie begründen. Einem Vermögensberater kann die Empfehlung einer bestimmten Geldanlage mehr Provision einbringen als eine andere, die den besonderen Bedürfnissen seines Kunden besser entsprechen würde. Für einen Gutachter besteht die Versuchung, nicht sachgerecht zu urteilen, sondern die Beurteilung eines bestimmten Sachverhaltes davon abhängig zu machen, was der zahlende Auftraggeber am liebsten bestätigt sehen möchte.

Erfahren Geschädigte oder eine breitere Öffentlichkeit von solchen Geschehnissen, so kann dies Zweifel an der Funktionsfähigkeit und Vertrauenswürdigkeit von Teilen der arbeitsteiligen Expertenwelt hervorrufen. Daraus können unter Menschen, die auf fast allen Gebieten Laien sind, leicht ein allgemeineres Misstrauen und haltlose Unterstellungen gegenüber Expertenleistungen entstehen.

Entscheiden und handeln Experten nur auf der theoretischen Grundlage ihrer jeweiligen Disziplin, haben sie eine Barriere um sich, hinter die zu schauen für Laien oft schwierig ist. Nutzen Experten zusätzlich das *Provisorium*, dann sind sie systematischer eingebunden in ein Netz barrierenfreien Wissens über unsere Welt. So kann ein Laie, der sich ebenfalls des *Provisoriums* bedient, eher prüfen und beurteilen, ob eine bestimmte Aussage oder Empfehlung eines Experten zu dem passt, was nur der Laie über seine individuelle Situation weiß. Dazu gibt der Laie möglichst präzise Merkmale seines Ist-Zustandes oder Ist-Körpers und Merkmale seines Wunsch-Zustandes oder Wunsch-Körpers in ein Informationsnetz ein, um deren darüber hinausreichende übereinstimmende Merkmale zu ermitteln. Zweck der Recherche ist es herauszufinden, ob der Ist-Körper eine Option hat, sich zum Wunsch-Körper hin zu verändern. Gibt es eine solche Option oder auch mehrere, dann kann der Laie im Informationsnetz erkunden, wie der Wandel vom Ist-Körper zum Wunsch-Körper erfolgen und was für Experten zum Gelingen beitragen könnten. Damit wiederum steigt die Wahrscheinlichkeit, dass der Laie Experten auswählt, die über theoretische Kenntnisse und Erfahrungen verfügen, mit denen sie sich relativ genau auf die besondere Situation und das Anliegen des Laien einzustellen vermögen. Selbstverständlich können solche Recherchen immer nur im Rahmen des aktuell verfügbaren Informations- und Wissensstandes sowie der Leistungsfähigkeit der genutzten Informationsnetze erfolgen. Recherchieren Nutzer eines Informationsnetzes etwas Bestimmtes, dann wiederholen sie nicht unbedingt nur Schritte, die schon andere vor ihnen getan haben. Sie können dabei auch kreativ sein und als Nebeneffekt die Nutzbarkeit des Informationsnetzes für künftige ähnlich ausgerichtete Recherchen erhöhen.

Alles zusammen gesehen eröffnet sich in einigen Bereichen des Zusammentreffens von Experten und Laien die Chance, dass sie als Team mit höherer Wahrscheinlichkeit ein für den Laien zufriedenstellendes Ergebnis erreichen.

### Sekundäre Wirkung: Bessere Aussichten für Marktwirtschaft mit Transferzahlungen zur Minderung von Existenzgefährdungen, weil mehr Subsidiarität möglich wird

Wie viel ein Staat zum Wohlergehen seiner Teilnehmer beiträgt, wird davon mitbeeinflusst, wie seine Komponenten Marktwirtschaft und Transferzahlungen zugunsten von Teilnehmern, deren Existenz sonst in besonderem Maße gefährdet wäre, zusammen funktionieren. Die beiden Komponenten so aufeinander abzustimmen, dass sie nachhaltig einander ergänzen, ist eine wesentliche Bedingung für den Erfolg einer sozialen Marktwirtschaft. Unverzichtbarer Rahmen dafür ist ein hoch entwickeltes Rechtssystem. Doch das ist noch nicht alles, wie Ludwig Erhard, der maßgeblich zur Einführung der sozialen Marktwirtschaft in der jungen Bundesrepublik Deutschland beitrug, hervorhebt:

> »Am Anfang muß die eigene Verantwortung stehen, und erst dort, wo diese nicht ausreicht oder versagen muß, setzt die Verpflichtung des Staates und der Gemeinschaft ein.« (19)

In der Praxis hat sich allerdings mehr und mehr gezeigt, dass es immer einen Grund und einen Drang gibt, den Apparat der Transferzahlungen weiter auszudehnen, die Eigenverantwortung der einzelnen teilnehmenden Menschen mehr und mehr in eine kollektive Haftung zu verwandeln.

So stellt Hans Tietmeyer fest:

> »Die Gewährleistung der sozialen Absicherung im Alter, bei Krankheit und in der Not ist als zentraler Bestandteil der Sozialen Marktwirtschaft unumstritten. Doch der Sozialstaat ist im Laufe der Jahre zum Wohlfahrtsstaat geworden, der die Menschen bevormundet, ihnen immer mehr Lasten aufbürdet und immer weniger an Gestaltungsmöglichkeiten lässt …
>
> Viele Bürger schreiben dem Staat und nicht mehr sich selbst die Verantwortung für ihre Absicherung zu.« (20)

Wie ist es dazu gekommen, dass man sich von Ludwig Erhards Forderung, zuallererst seien die einzelnen Teilnehmer am Staat für ihr Dasein verantwortlich und erst an zweiter Stelle der Staat in der Pflicht, so weit entfernt hat? Dies ist zum Teil darauf zurückzuführen, dass die meisten Menschen sich in einer arbeitsteiligen, oft auf disziplinärwissenschaftlichen Kenntnissen und Meinungen basierenden Welt mit dem, was die Subsidiarität in einer sozialen Marktwirtschaft von ihnen verlangt, überfordert fühlen. Sie lassen dann gerne die Regierung und ihr nachgeordnete Institutionen viel für sich regeln. Vielen einzelnen Begehrlichkeiten in diesem Zusammenhang kann mit keinen Begründungen, die für alle annehmbar wären, die Berechtigung abgesprochen werden. Es kommt zu einem Feilschen darüber, wer wie viel private Zuständigkeit für sein Dasein zur öffentlichen Zuständigkeit hin übertragen darf. Um in diesem Feilschen zu Ergebnissen zu kommen, neigt man dazu, die öffentlichen Ausgaben immer weiter zu erhöhen. Das Geld dafür muss irgendwo herkommen. Zuerst nimmt man dies den Teilnehmern am Staat, die über Geld verfügen, das einen für alle vereinbarten Minimalbetrag der Befähigung zum Lebensunterhalt übersteigt, durch Besteuerung weg. Reichen diese Transferzahlungen zur Deckung der öffentlichen Ausgaben nicht aus und finden damit die Begehrlichkeiten des Übertrags von der privaten zur öffentlichen Zuständigkeit noch keine Begrenzung, dann wird das Verhältnis von Staatsausgaben zu Staatseinnahmen immer größer. Der Übertrag von Zuständigkeiten, für dessen Bezahlung die Steuereinnahmen nicht ausreichen, wird mit öffentlichen Schulden beglichen. Je mehr die öffentlichen Schulden anschwellen, umso aussichtsloser wird es, diese ohne Geldentwertung zurückzuführen. Je drastischer diese ausfällt, umso größer wird die Gefahr sozialer Probleme, die eine Zeit lang von niemandem mehr beherrschbar sind.

Mit der Anwendung des *Provisoriums* könnte sich daran etwas ändern. Denn dabei handelt es sich um ein Instrument, das zur Erhöhung der Kompetenz von am Staat teilnehmenden Personen, unter komplexen Bedingungen Entscheidungen zu treffen, beitragen und so für mehr Subsidiarität eingesetzt werden kann. Mehr Subsidiarität in diesem Zusammenhang bedeutet, dass die einzelnen Teilnehmer des Staates mehr Aufgaben, die sie betreffen, eigenverantwortlich außerhalb der staatlichen Institutionen erfüllen. Eine je höhere Qualität die Subsidiarität außerhalb der staatlichen Institutionen erreicht, tendenziell umso weniger müssen die staatlichen und diesen nachgeordnete Institutionen leisten, tendenziell umso weniger dynamisch expandieren die Staatsausgaben. Bei langsamer wachsenden Staatsausgaben können die Staatseinnahmen eher mithalten. Die Gefahr des Entstehens einer nur noch durch Geldentwertung schließbaren Lücke zwischen Einnahmen und Ausgaben des Staates wird kleiner. Dies eröffnet zugleich eine günstigere Perspektive, eine Volkswirtschaft zu einer sozialen Marktwirtschaft hin zu entwickeln bzw. eine bereits bestehende soziale Marktwirtschaft aufrechtzuerhalten. So könnte soziale Marktwirtschaft oder Sinngleiches unter anderer Bezeichnung für mehr Menschen auf der Erde attraktiv werden.

## Sekundäre Wirkung: Mehr Subsidiarität geht mit breiterer Akzeptanz individueller Grundrechte einher

Wer individuelle Grundrechte eines anderen Menschen verletzt, erkennt darin nicht unbedingt etwas Verwerfliches. Dann sieht er einen größeren Vorteil für sich oder eine Gruppe seines Interesses darin, das bestimmte Recht des anderen zu missachten, als es zu respektieren. Soweit dies zutrifft, stellt sich für Befürworter individueller Grundrechte die Aufgabe zu beweisen, dass das Respektieren von Grundrechten anderer Menschen in mehr Situationen des Alltags überwiegend im eigenen Interesse liegt. Das überzeugendste Argument dürfte der Nachweis eines Zusammenhangs zwischen dem Respektieren individueller Grundrechte und überlegenem ökonomischem Erfolg sein.

Der Nachweis bedarf eines Zwischengliedes. Ob und wie erfolgreich eine Marktwirtschaft mit Transferzahlungen zur Minderung von Existenzgefährdungen der Staatsteilnehmer funktioniert, wird wesentlich davon mitentschieden, wie hoch die Subsidiarität im Staat entwickelt ist, wie gut es gelingt, dass eine kleinere soziale Einheit all das in Eigenverantwortung leistet, was sie genauso effizient oder effizienter als eine höhere soziale Einheit zu bewerkstelligen vermag, und es zu keiner Überantwortung solcher Leistungen auf eine höhere soziale Einheit kommt. Man müsste es schaffen, durch Weiterentwicklung der Subsidiarität mit dem *Provisorium* die ökonomische Überlegenheit einer Marktwirtschaft mit Transferzahlungen zu unterstreichen. Subsidiarität in hoher Qualität gibt es allerdings nur um den Preis weitreichender individueller Rechtssicherheit. Einen wesentlichen Teil des Fundaments dieser Rechtssicherheit bilden einige individuelle Grundrechte. Es müsste unanfechtbarer bewiesen werden, dass Grundrechte wie das Recht auf Leben und körperliche Unversehrtheit, Gleichheit vor dem Gesetz, Meinungs-, Informations- und Pressefreiheit, Versammlungsfreiheit und Recht auf Privateigentum über die Stärke im ökonomischen Wettbewerb mitentscheiden.

Nicht unbedingt für die Verwirklichung jedes individuellen Grundrechts wird sich ein der Subsidiarität und ökonomischen Prosperität förderlicher Beitrag zeigen lassen. Dass es ein Recht auf Privateigentum geben muss, überzeugt in diesem Zusammenhang vermutlich mehr Menschen, als dass jeder seine Religion frei ausüben darf. Anders betrachtet, lässt sich einwenden, dass individuelle Grundrechte nicht bloß aus ökonomischen Motiven eingehalten werden sollten. Aber wer so argumentiert, stelle sich die Frage: Ist es befriedigender, zur Kenntnis zu nehmen, dass individuelle Grundrechte verletzt werden, bei Gelegenheit dagegen zu protestieren, und nichts ändert sich zum Besseren? – Oder mit überlegenen Wirtschaftsleistungen, zu denen die Einhaltung einiger individueller Grundrechte beiträgt, die Verletzer ebensolcher Rechte neidisch zu machen? Der etwas kleinere Anspruch führt womöglich eher zum Ziel, zumal damit nichts in den Weg gestellt wird, was das Eintreten für weitere individuelle Grundrechte erschweren würde.

## Das *Provisorium* als Koordinierungsmethode auf Märkten, wo einheitliche Regeln für alle Teilnehmer versagen (→ Problem 4)

Friedrich August von Hayek:

*»Ohne zu übertreiben, kann man behaupten, daß, wenn wir für die Entwicklung unserer Wirtschaftsordnung auf bewußte zentrale Planung angewiesen wären, sie niemals diesen Grad der Differenzierung, diese Komplexheit und diese Elastizität erreicht haben würde, die sie heute hat. Verglichen mit dieser Methode, das Wirtschaftsproblem durch Dezentralisierung und automatische Abstimmung zu lösen, ist die an sich näherliegende Methode der zentralen Steuerung unglaublich plump, primitiv und unzureichend. Wenn die Arbeitsteilung den Grad erreichen konnte, der erst die moderne Zivilisation ermöglicht, so verdanken wir dies der Tatsache, daß man sie nicht bewußt schaffen mußte, sondern daß die Menschen auf eine Methode stießen, die die Ausdehnung der Arbeitsteilung über die Grenzen hinaus erlaubte, die ihr in einer Planwirtschaft gesetzt gewesen wären. Wird das Wirtschaftssystem noch komplexer, so wird nicht etwa die zentrale Steuerung zu einer zwingen-*

*deren Notwendigkeit, sondern die Anwendung einer Koordinierungsmethode, die nicht auf bewußte Lenkung angewiesen ist, wird geradezu zu einer Lebensfrage.«* (21)

Diese Zeilen stammen aus *Der Weg zur Knechtschaft*, einem Werk, das F. A. von Hayek zu einer Zeit publizierte, als der Zweite Weltkrieg wütete. Seitdem ist viel geschehen: Es kam zur Ost-West-Konfrontation mit der Trennlinie des Eisernen Vorhangs. Dessen Verschwinden im Jahr 1989, die Erweiterung der Transportmöglichkeiten sowie die Verbreitung immer leistungsfähigerer elektronischer Informations- und Kommunikationsmittel trugen zur Entfesselung eines nie zuvor gekannten Wirtschaftens über fast alle territorialen Grenzen hinweg bei. Weltweit haben Güteraustausch und Arbeitsteilung zugenommen.

F. A. von Hayek kann zu der veränderten Lage nicht mehr befragt werden. Aber die inzwischen erreichten Verhältnisse lassen kaum Zweifel zu, dass die Volkswirtschaft des einzelnen Staates, soweit nach außen offen, immer mehr Teil eines weltwirtschaftlichen Zusammenhangs geworden ist und damit die wirtschaftlichen Aktivitäten von Menschen auf der Erde, vielleicht nicht in jedem einzelnen Aspekt, wohl aber im vorherrschenden Gesamtbild deutlich komplexer geworden sind.

Für eine solche Situation prophezeite F. A. von Hayek das Erfordernis einer zusätzlichen »Koordinierungsmethode, die nicht auf bewußte Lenkung angewiesen ist«. Greifen wir einmal diese Überlegung auf und fragen, aus was die Koordinierungsmethode bestehen könnte. Im Sinne F. A. von Hayeks kommt dafür nichts infrage, das Merkmale einer Planwirtschaft aufweist, das irgendwelche Aktivitäten auf Märkten, die seiner Auffassung nach überlegene Ergebnisse hervorbringen, ersetzen würde.

Dazu in keinem Widerspruch steht, dass Eingriffe von Zentralbanken, Finanz- und Wirtschaftspolitik unverzichtbare Funktionen erfüllen, die der volkswirtschaftlichen, wesentlich von Märkten mitgetragenen Prosperität dienen. Solche Eingriffe allein reichen allerdings für ein nachhaltig prosperierendes Marktgeschehen umso weniger aus, von je mehr Bedingungen dieses beeinflusst wird. So entsteht das Bedürfnis nach der zusätzlichen Koordinierungsmethode. Bei ihr geht es um Regularien, die zwar unbedingt gebraucht werden, die aber auf zu komplexe Bedingungen des Wirtschaftens treffen, als dass Rechtsexperten, Fachleute aus Wirtschaftswissenschaften, Politiker und Funktionäre diese Eingriffe zielführend formulieren und veranlassen könnten.

Man stelle sich als Beispiel Folgendes vor: Geldanleger auf Finanzmärkten gehen waghalsige Geschäfte ein, die ruinös enden und einen weiter reichenden Schaden anrichten. Die Regierung eines davon berührten Staates sieht sich veranlasst einzugreifen, um den Schaden für die Volkswirtschaft einzudämmen. Damit so etwas nicht mehr vorkommt, könnte die Regierung sich dafür einsetzen, die Handlungsmöglichkeiten der Akteure auf dem Finanzmarkt, von dem der Schaden ausgegangen ist, stark einzuschränken. Dies würde aber einer Schließung des Finanzmarktes gleichkommen, was die Regierung vermeiden will. Denn der Finanzmarkt nimmt eine weiterreichend wichtige Funktion im Wirtschaftsleben ein. Die Regierung und die sie beratenden Fachleute wissen nicht weiter. Was nun? An dieser Stelle müsste die zusätzliche Koordinierungsmethode ihre Wirkung entfalten. Aus was besteht diese Methode, wenn der Verstand keines Menschen ausreicht, um sich eine Anweisung für alle am Markt Beteiligten einfallen zu lassen, die zum gewünschten Ergebnis führt? Schauen wir uns das Geschehen auf Märkten an. Sie brauchen gewisse, für alle Teilnehmer verbindliche Regeln. Im Übrigen muss jeder Teilnehmer in seiner besonderen Lage so auf Märkten handeln können, wie er es für richtig hält. Seine diesbezüglichen Entscheidungen resultieren aus seiner augenblicklichen Wahrnehmung des Geschehens, seinem Wissen über seine persönlichen Verhältnisse, seinen Erfahrungen, gegebenenfalls aus Vorgaben eines Auftraggebers, für den er handelt, und eventuell aus theoretischen Kenntnissen. An den theoretischen Kenntnissen der einzelnen Teilnehmer lässt sich am ehesten etwas ändern.

Ein Teilnehmer an einem Markt, der unabsichtlich mit Spekulationen Verluste erleidet und darüber hinaus einen so großen Schaden anrichtet, dass die Regierung sich damit befasst, hat in seiner desaströsen Entscheidung offensichtlich Wesentliches unberücksichtigt gelassen. Anders stellt sich die Lage für einen Marktteilnehmer dar, der während seines Entscheidungsprozesses das *Provisorium* im Kopf hat. Er ist sich im Klaren darüber, wozu ihm das *Provisorium* nützlich sein kann: zur Beurteilung seines Handelns in größerem Zusammenhang bzw. um seine Chancen zu vergrößern, auf dem Markt umsichtig egoistisch zu handeln. Wenn er diese Chancen nutzen will, dann bedient er sich auch des *Provisoriums*. Nun stelle man sich vor, dass die meisten oder alle Teilnehmer an dem Finanzmarkt in ihrem jeweiligen Sinne möglichst erfolgreich sein wollen und deshalb das *Provisorium* für ihre individuellen Entscheidungen nutzen. Darin besteht die Koordinierungsmethode. Ihr Einsatz kann tendenziell zu weniger

exzessiv schädlichen Ergebnissen beitragen, weil die einzelnen Teilnehmer einige schadensträchtige Optionen des Handelns leichter erkennen
und einige Teilnehmer daraufhin solchen Optionen ausweichen. Was tatsächlich passiert, wer von den Beteiligten am Schluss wie aus einem Spe-
kulationsgeschäft hervorgeht, weiß keiner im Voraus. Sicher ist nur: Aus
etwas anderem als der Anwendung des *Provisoriums* wird die zusätzliche
Koordinierung im Sinne F. A. von Hayeks nicht bestehen können.

**Mit dem *Provisorium* entsteht eher keine unauflösliche Anhäufung
von Belastungen im Staat** (→ Problem 7)

Ein Staat ist immer in Gefahr, für vielerlei Dinge mehr Geld auszuge-
ben, als er einnimmt. Irgendwer muss irgendwann in Zukunft für die
sich daraus ergebenden Schulden aufkommen. Es können sich im Staat
auch Strukturen schlechten Funktionierens entwickeln, die sich hart-
näckig halten, weil zu viele oder besonders einflussreiche Teilnehmer
vom schlechten Funktionieren profitieren. Dabei kann es sich z. B. um
Subventionen an Unternehmen einer bestimmten Branche handeln, die
vielleicht früher einmal sinnvoll gewesen sind, in der Gegenwart jedoch
nicht mehr. Unternehmen der Privatwirtschaft können so groß werden,
dass sie im Falle ihres drohenden Konkurses entweder mit öffentlichen
Mitteln gerettet werden, anderenfalls für die Volkswirtschaft ein noch
größerer Schaden zu befürchten ist. Vorschriften können entgeltliche
Beschäftigungsverhältnisse behindern. Zu hohe Leistungen des Staates
für nicht Erwerbstätige können diese davon abhalten, eine Erwerbstätigkeit aufzunehmen, obwohl sie dazu persönlich belastbar und qualifiziert
genug sind, obwohl entsprechende Arbeitsangebote vorliegen. Das Steu-
errecht kann so unübersichtlich werden, dass teilweise kaum noch zu
durchschauen ist, wie sich eine bestimmte Besteuerung auswirkt, ob damit die Steuereinnahmen umfassender betrachtet tatsächlich zunehmen
oder ob Steuerpflichtigen so viel Geld entzogen wird, dass diese deswegen
später nicht mehr allein für ihren Lebensunterhalt sorgen können, von
sozialen Netzen aufgefangen werden müssen und mehr Leistungen zu-
rückbekommen, als sie Steuern bezahlt haben, was vielleicht nicht so wäre, wenn man sich mit einem niedrigeren Steuersatz begnügt oder auf die
besondere Art der Besteuerung verzichtet hätte. Einflussreiche Personen
oder Gruppen können darauf hinwirken, dass eine ihnen lästige Behörde

schlecht ausgestattet ist und deswegen ihre Aufgaben nicht hinreichend erfüllen kann. Alles zusammen kann sich zu Belastungen aufhäufen, die in den Zusammenbruch wichtiger Funktionen des Staates münden.

Mit dem *Provisorium* liegt es dem einzelnen Menschen näher zu erkennen, wenn sich auf gesellschaftlicher Ebene eine solche Last von Problemen zu seinem Nachteil heranbildet. Stellt er sich dieser Wahrnehmung, dann begreift er mit dem *Provisorium* auch eher, wenn es noch einen anderen Weg gibt, der ihm weniger schädlich erscheint. Ist das so und bricht er seine Überlegungen an dieser Stelle nicht ab, erleichtert ihm die Nutzung des *Provisoriums* seine Antwort darauf, ob er selbst etwas in seinem Sinne zu der Entwicklung beitragen kann.

Je mehr Teilnehmer am Staat vor einer solchen Bedrohung nicht die Augen verschließen, sondern das mit dem *Provisorium* tendenziell leichtere Begreifen der komplexen Situation an sich heranlassen und ihre Möglichkeiten der Vorbeugung so zeitig erkennen, wie noch Optionen zum Gegensteuern offen sind, umso besser sind die Aussichten, das Anhäufen von Problemen zu verlangsamen oder zu unterbinden. Umso eher können auch politische Parteien und die Regierung mit einer Politik, die kurzfristig für viele Teilnehmer am Staat Beeinträchtigungen mit sich bringt, um später noch größere Einschnitte zu vermeiden, Mehrheiten in der Bevölkerung finden.

Gegenüber Politikern, deren Überlegungen manchmal nicht weiter reichen, als bis zu den nächsten Wahlen durchzuhalten und dann bestätigt zu werden, haben alle anderen Teilnehmer am Staat einen Vorteil, der es ihnen tendenziell leichter macht, einen Beitrag zu Problemlösungen zu leisten: Sie sind von dem Druck der Wahltermine frei und können eher längerfristig denken und disponieren.

## Individuelles Einflussnehmen auf die Außenbeziehungen des Staates (→ Problem 8)

Wenn ein Angehöriger eines Staates grenzüberschreitend in Informationsnetzen persönliche Informationen über sich preisgibt, wenn er nicht genau weiß, wer davon Kenntnis nimmt, ob ein Unbekannter, eine ausländische Regierung oder kriminelle Organisation die Informationen auf irgendeine Weise für sich nutzt, dann sind davon seine individuellen Interessen berührt. Es liegt an ihm, sich damit auseinandersetzen. Jenseits dessen, was die Regierung außenpolitisch tut, trägt er in seinem Rahmen eine Verantwortung für das, was aus dem Staat bei Menschen anderer Staaten ankommt.

Befindet sich ein Teilnehmer eines Staates in irgendwelchen Zusammenhängen oder Beziehungen zu Menschen in einem anderen Staat, dann ist er mit den besonderen dort vorherrschenden Lebensbedingungen und geistigen Einstellungen, Rechten und Pflichten konfrontiert. Soweit er damit in Berührung kommt, muss er sich dazu irgendwie verhalten. Er nimmt damit an der Darstellung des Staates nach außen teil und beeinflusst ein wenig mit, was in dessen äußeren Beziehungen geschieht. So nimmt eine große Zahl von Staatszugehörigen Einfluss auf Menschen in anderen Staaten. Bloß, weil sie dies nicht koordiniert tun, erscheint ihre Wirkung oft kleiner als die Resultate der Außenpolitik von Personen, die mit der Regierung beauftragt sind. Deren Einflussmöglichkeiten sind eng begrenzt. Wenn Gespräche und Verhandlungen mit einer ausländischen Regierung nicht das gewünschte Ergebnis bringen und regierende Personen sich damit nicht abfinden möchten, stehen ihnen nur wenige Mittel zur Verfügung, außenpolitischen Interessen oder dem, was sie dafür halten, Nachdruck zu verleihen. Eines ihrer Druckmittel sind Sanktionen – z. B. Reisebeschränkungen für Mitglieder der ausländischen Regierung. Soweit es zwischen den beiden Staaten Handelsbeziehungen gibt, können Wirtschaftssanktionen verhängt werden. Wenn aber bis dahin beide Volkswirtschaften von den Beziehungen profitiert haben, müssen die regierenden Personen genau hinschauen, welcher Seite das Verhängen bestimmter Sanktionen gegen den anderen Staat mehr schadet oder ob Dritte darunter leiden, die man eigentlich nicht treffen will. Soweit die militärischen Fähigkeiten ausreichen, können regierende Politiker mit deren Einsatz drohen oder als Steigerung den anderen Staat mit Streitkräften angreifen. Doch je komplexer die weltweiten Abhängigkeiten von Menschen untereinander werden, umso eher verfehlen auch Militäreinsätze ihr Ziel, wenn sie keine Verteidigung gegen eine ausländische Quelle darstellen, die den eigenen Staat bzw. seine Staatsbürger angegriffen hat oder anzugreifen droht; wenn die Quelle nicht klar eingrenzbar und nicht ohne gravierende, die eigenen Interessen beeinträchtigende Neben- oder Folgewirkungen militärisch auszuschalten ist.

Umso wichtiger ist es, dass Menschen mit grenzüberschreitenden Verbindungen auf allen sozialen Ebenen immer wieder prüfen, ob sie bestimmte außenpolitische Anliegen des Staates vielleicht mit kleineren Taten, aber zielführender fördern können. Es liegt im Interesse vieler von ihnen, dass eine ausländische Regierung sich mit ihrer Politik nicht immer weiter von den Belangen eines großen Teils ihrer Bevölkerung entfernt. Denn anderenfalls kann es vermehrt zu sozialen Spannungen kommen. Je mehr diese eskalieren, umso eher entzieht sich das Ergebnis ihrer irgendwann erfolgenden Entladung menschlicher Prognose. Diese Unberechenbarkeit bedroht die Macht der grenzüberschreitend aufeinander angewiesenen Individuen und Gruppen. Diese befinden sich allerdings in einer umso stärkeren Position der Regierung eines Staates gegenüber, je mehr die Regierenden darauf aus sind, Nutzen aus der internationalen ökonomischen Vernetzung für ihre Volkswirtschaft zu ziehen. Fühlen ausländische Individuen und Gruppen sich in dem einen Staat daran gehindert, offen genug Meinungen austauschen und Änderungen dessen durchsetzen zu können, was ihnen unzulänglich erscheint, suchen sie bei Gelegenheit nach einem Staat als Hafen ihrer Aktivitäten, der hinsichtlich besonderer Merkmale wie z. B. des Rechtssystems, der Verwirklichung individueller Grundrechte, öffentlicher Sicherheit, der Gesundheitsversorgung, des Ausbildungswesens, marktwirtschaftlicher Strukturen oder einer breiten, mit einer relativ hohen Kaufkraft verbundenen Einkommensverteilung in der Bevölkerung attraktiver ist. All diesen Merkmalen ist gemeinsam: Je mehr Menschen immer höhere Ansprüche daran stellen, umso mehr Rahmenbedingungen werden benötigt, die nur Staaten oder Organisationen mit staatsähnlichen Eigenschaften bereitstellen können. Das bedeutet: Bei weltweit anhaltendem und zunehmend anspruchsvollem Verlangen vieler Menschen nach den Merkmalen setzen sich im internationalen Wettbewerb eher nicht diejenigen durch, die „wenig Staat" haben wollen. Dabei ist allerdings darauf zu achten, die Rahmenbedingungen bei Anwendung des Subsidiaritätsprinzips möglichst zielführend so zu setzen, dass sie der Qualität der Merkmale zugute kommen und sich nicht zu deren Einschränkung umkehren. Ein Staat, dem diese Optimierung begehrter Merkmale besser als anderen gelingt, ist auch mit den grenzüberschreitenden Interessen vieler Individuen und Gruppen kompatibler. Er hat die günstigeren Aussichten, sich im Konzert der Staaten zu behaupten und an Einfluss zu gewinnen.

Die komplexen Zusammenhänge als Voraussetzung für eigenes Handeln zu begreifen und dazu noch immer wieder neu unter sich ändernden Bedingungen, stellt für den Einzelnen, der auf fast allen Gebieten ein Laie ist, eine anspruchsvolle Aufgabe dar, die zu erfüllen ihm die Nutzung des *Provisoriums* erleichtern kann.

### Chance für mehr Akzeptanz internationaler Rechte

Je größer und vielfältiger die Staatsgrenzen überschreitenden Einflüsse von Menschen aufeinander und Abhängigkeiten voneinander werden, umso größere Bedeutung kommt internationalem Recht und der Rechtsprechung unabhängiger internationaler Gerichte zu. Der Einsatz des *Provisoriums* mit seinem leichteren Zugang zum Begreifen komplexer Zusammenhänge könnte dazu beitragen, dass Regierungen von Staaten, die partiell besonders durchsetzungsfähig sind, häufiger auch dann internationales Recht beachten, bereitwilliger auch dann Urteile internationaler Gerichte akzeptieren, wenn zu der Erkenntnis, dass dies im eigenen Interesse liegt, mehr als eine bloß punktuelle Betrachtung der eigenen Lage und politischen Ziele erforderlich ist.

### Wie die Teilnehmer am Staat auch dann ihren Zusammenhalt nicht verlieren, wenn sie das Vertrauen in die regierenden Politiker weitgehend verloren haben und der Staat sich in einer besonders labilen Phase befindet (→ Probleme 4 und 7)

Je wissenschaftlich anwendungstechnisch höher entwickelt ein Staat ist, umso existentiell abhängiger sind seine Teilnehmer von den technischen Errungenschaften, umso mehr Möglichkeiten von Störfällen gibt es, in deren Folge individuelle und gesellschaftliche Aktivitäten beeinträchtigt werden können. Stromausfall, Zusammenbrüche von Informations- und Kommunikationsnetzen, durch menschliches Versagen oder Naturkatastrophen verursachte Unfälle in Industrieanlagen mit katastrophalen Folgen für Menschen in einem dicht besiedelten Gebiet können einen wissenschaftlich anwendungstechnisch relativ hoch entwickelten Staat schnell in ein Chaos stürzen, unter Umständen auch Menschen anderer Staaten in Mitleidenschaft ziehen. Genauso rapide können regierende

Politiker und nachgeordnete Institutionen eines Staates unfähig werden, etwas Wirksames zu tun, um die öffentliche Ordnung und den Betrieb von Einrichtungen der lebensnotwendigen Grundversorgung für die Bevölkerung aufrechtzuerhalten.

Menschen beeinflussen einander weltweit über Informations- und Kommunikationsnetze. Reiseverkehr, internationaler Handel mit beweglichen Gütern, Investitionen, Arbeitsteilung und Spekulationen an Finanzmärkten über Staatsgrenzen hinweg sind immer selbstverständlicher geworden. Von Menschen verursachte Umweltbelastungen machen an keinen Staatsgrenzen Halt. Internationaler Terrorismus und international operierende kriminelle Banden stellen permanente, schwer einschätzbare Bedrohungen für Menschen auf der ganzen Erde dar. Vieles ist immer weniger durch die regierenden Politiker so beeinflussbar, dass Teilnehmer am Staat den Eindruck gewinnen könnten, sich in ihren jeweiligen individuellen Befindlichkeiten und Interessenlagen auf das verlassen zu können, was die regierenden Personen tun.

Regierende Politiker sind so weit auf das Vertrauen der Bevölkerung angewiesen, dass diese ihnen nicht die Regierungsgeschäfte entzieht. Wenn schon zu Zeiten einigermaßen gut funktionierender Abläufe im Staat das Vertrauen der Bevölkerung in die Leistungsfähigkeit der regierenden Politiker immer wieder Belastungen ausgesetzt ist: Was bleibt von diesem Vertrauen nach Eintritt eines Funktionsausfalls lebenswichtiger Grundlagen des Zusammenlebens oder existenzbedrohender Einflüsse aus dem Ausland, wenn regierende Politiker eigentlich problemlösend eingreifen sollten, aber nur noch hilflos wirken? Erwarten dann zwei Drittel der politisch Wahlberechtigten auch von keinen anderen Personen mehr, dass sie die Regierungsaufgaben noch im früher einmal für leistbar gehaltenen Umfang erfüllen können? Es wäre leichtfertig, diese Möglichkeit ganz auszuschließen. Tritt ein solcher Vertrauensschwund ein, dann befindet sich der Staat in einer besonders labilen Phase.

Der Staat lebt durch alle, die an ihm teilnehmen. Ob er in einer Situation ohne funktionsfähige Regierungsspitze zerfällt, hängt davon ab, was in den Köpfen der vielen einzelnen Teilnehmer vorgeht. Jeder von ihnen hat nur so weit ein Interesse daran, den Zusammenhalt aufrechtzuerhalten, wie er darin überwiegend Vorteile für sich oder eine Gruppe, der er sich verbunden fühlt, vermutet.

Zu was für einem Verhalten neigt ein Teilnehmer, der bloß Zugang zu disziplinärwissenschaftlich aufbereiteten Erkenntnissen und Meinungen hat, der evtl. eine spezielle Funktion in der arbeitsteiligen Welt einnimmt und sich nur in den Grenzen der Kompetenz, die ihm darin zugestanden wird, für urteilsfähig hält, auf dem Weg zu einer Situation ohne funktionsfähige Regierung und mitten in einer solchen Lage? Eine Antwort darauf an dieser Stelle kann nur eine allgemeine Tendenz des Verhaltens zu zeigen versuchen, die besondere persönliche Eigenschaften und Lebenserfahrungen des Teilnehmers sowie weitere, das konkrete einzigartige Geschehen mitbestimmende Bedingungen evtl. gegenläufiger Tendenzen unberücksichtigt lässt. Der Teilnehmer neigt dazu, die Regierungsgeschäfte als eine, wenn auch wichtige Dienstleistung in einer arbeitsteiligen Gesellschaft zu betrachten, für die einige Staatszugehörige Steuern zahlen. Er neigt dazu, sich unbesehen auf die mit der Regierung betrauten Personen zu verlassen. Er hätte gar nicht die Zeit und das Fachwissen um das, was auf politischer Ebene geschieht, im Einzelnen zu beurteilen. Weil er das Regieren gerne anderen überlässt, wäre es nicht überraschend, wenn er nach dem Versagen der Regierung so lange passiv bleiben würde, bis kriminelle Banden das Machtvakuum für sich erobert, Städte und Regionen soweit unter ihre Kontrolle gebracht haben, dass die Schreckensverbreiter nur noch schwer wieder von dort zu vertreiben sind. Je mehr der Teilnehmer dies wahrnimmt und als persönlich Betroffener darunter leidet, umso dringender wird sein Verlangen nach einer Regierung, die wieder gleiches Recht für alle und mehr öffentliche Sicherheit gewährleistet.

Angenommen, nun tritt ein großer Redner auf, der meint, die früheren Politiker seien wegen ihrer von zu vielen kontroversen Diskussionen beherrschten Regierungsweise, welche notwendige, den Willen der Bevölkerungsmehrheit ausdrückende Handlungen verhindert habe, gescheitert. Er empfiehlt sich deshalb als Diktator und verspricht, den Staat von der Anarchie befreien und die öffentliche Sicherheit wieder herstellen zu wollen. Der Teilnehmer vernimmt die Botschaft und weiß keinen besseren Rat, als sich auf den großen Redner einzulassen. Es kommt tatsächlich zur Diktatur. Vielleicht arrangiert sich der Teilnehmer in einem Maße mit ihr, dass er persönlich davon profitiert. Diktatur ist allerdings die Organisationsweise, mit der sich das Regieren am weitesten von den individuellen Befindlichkeiten, Nöten und Interessen, der Ausschöpfung der Begabungsressourcen eines Großteils der Staatszugehörigen entfernen kann. Dieser Nachteil einer Diktatur fällt in einer weitgehend agrarisch geprägten Volkswirtschaft relativ wenig auf. Doch je höher ein Staat wissenschaftsbasiert anwendungstechnisch entwickelt, je weiter die Arbeitsteilung in ihm fortgeschritten, je mehr marktwirtschaftlich geprägt er ist, umso geringer sind die Aussichten, ihn erfolgreich als Diktatur organisieren zu können. Dies führt dazu, dass entweder auch der Diktator nach einiger Zeit sein Scheitern einräumen muss. Oder er regiert den Staat zu einem niedrigeren Niveau volkswirtschaftlicher Strukturierung hinunter, zwingt die meisten Staatszugehörigen damit zu bescheidenerem materiellem Wohlstand sowie weniger individueller Lebenserfüllung, und die Bevölkerungsmehrheit lässt sich das gefallen.

Muss es in Zukunft irgendwann zu einem solchen Szenario kommen? Nicht unbedingt, vorausgesetzt die über Computer nutzbaren Informationsnetze sind noch erreichbar und Teilnehmer am Staat in ausreichender Zahl verfügen über das *Provisorium*.

Zu was für einem Verhalten neigt in der besonders gefährdeten Lage des Staates ein Teilnehmer, dem zusätzlich zu disziplinärwissenschaftlich aufbereiteten Erkenntnissen das *Provisorium* zur Verfügung steht? Er besitzt eine größere Fähigkeit, die komplexen Zusammenhänge der Lage zu erfassen. Ihm werden eher die Folgen und Nebenwirkungen bewusst, die seine Entscheidung für etwas Bestimmtes nach sich ziehen könnte. Er lässt tendenziell weniger fahrlässig zu, dass kriminelle Banden im Gemeinwesen den Ton angeben. Er macht sich eher die Nachteile bewusst, die eine Diktatur mit sich bringen könnte. Er begreift eher, welche Funktionen des Staates für ihn persönlich wichtig sind, und ist infolgedessen interessierter daran, nach Möglichkeit selbst etwas für die Aufrechterhaltung oder Erlangung dieser Funktionen zu tun. Er ist von seiner geistigen Einstellung her bereiter, sich dafür zuständig zu fühlen, einen Weg, der mit seinen persönlichen längerfristigen Interessen übereinstimmt, aus der gegebenen Lage herauszufinden. Andere Teilnehmer am Staat können das *Provisorium* ebenfalls für sich nutzen, um zu entsprechenden Erkenntnissen zu gelangen. Sie können erörtern, ob sich aus den Erkenntnissen Ziele ergeben, die sie gemeinsam verwirklichen möchten. Vermögen sie gemeinsame Ziele zu artikulieren, dann begreifen sie mit dem *Provisorium* auch, wenn sie etwas dafür tun können, um sich den gemeinsamen Zielen zu nähern.

In einer solchen Situation ist nicht anders als sonst auch bei Verfügbarkeit des *Provisoriums* davon auszugehen, dass einige Teilnehmer sich nur mit relativ niedrigem, andere mit höherem Anspruch um die Sicherung der Zukunft, im Besonderen die Aufrechterhaltung staatlicher Strukturen bzw. deren Korrektur oder Neuaufstellung, die künftigen Herausforderungen Rechnung trägt, bemühen. Gemeinsam ist den Teilnehmern, dass sie es mit dem *Provisorium* leichter haben, ihre jeweiligen Verhaltensoptionen sowie Chancen und Risiken bestimmten Verhaltens zu begreifen sowie daraus formulierte Ziele zu realisieren. Selbstverständlich können sie alle auf diesen Einblick und die damit verbundenen Möglichkeiten verzichten. Wenn man aber von der Prämisse ausgeht, dass die meisten Menschen auch in einer solchen Situation den Wunsch haben, möglichst sicher und komfortabel zu leben, widerspricht der Verzicht ihrem Lebenswillen. Deshalb werden die meisten, soweit sie das *Provisorium* nutzen, es vermutlich zu vermeiden suchen, sich auf Verhaltensweisen einzulassen, die ihre jeweilige Existenz weiter in die Tiefe reißen, und stattdessen – wenn es keine allzu großen Anstrengungen von ihnen verlangt – Verhaltensweisen bevorzugen, die ihrem Dasein zugute kommen.

## Zweite Forschungsstruktur für Wissenschaften, die sich mit der genaueren Erkenntnis des Kosmos befassen (→ Problem 11)

In den Wissenschaften, die sich der Erforschung unserer Welt widmen, gibt es eine Tendenz zu immer spezielleren, kleineren Wissenschaftszweigen. Damit wird die Kommunikation bzw. wechselseitige Anregung zwischen Wissenschaftlern eher schwieriger als leichter. Je enger spezialisiert geforscht wird, umso tendenziell unwahrscheinlicher wird es auch, dass bisher noch nicht beschriebene, im ganzen Kosmos geltende Zusammenhänge und Regelmäßigkeiten auffallen.

Deswegen kleine Wissenschaftszweige aufzulösen und weiteres Auseinanderzweigen zu unterbinden, wäre sicherlich der falsche Weg. Jeder Wissenschaftszweig und jedes wissenschaftliche Projekt, mit dessen Ausrichtung sich bei einem Mitteleinsatz, der gegenüber anderen Forschungen vertretbar erscheint, die begründete Chance auf einen Erkenntniszuwachs verbindet, hat grundsätzlich seine Berechtigung.

Um in der Erkenntnis fundamentaler Gesetzmäßigkeiten unserer Welt beschleunigt fortzuschreiten, sollte vielmehr eine zweite Forschungsstruktur neben der vorhandenen disziplinärwissenschaftlichen Struktur aufgebaut werden. In dieser zweiten Struktur würde zuvorderst nach Übereinstimmungen von allen Körpern im Kosmos – von allem, was aus Energie gemacht ist – gefragt werden, dann nach Übereinstimmungen von großen Teilmengen aller Körper des Kosmos, übergehend zur Frage nach Übereinstimmungen in kleineren Teilmengen von Körpern. Dies sind auch die Fragen, welche im *Provisorium* beantwortet werden. Mit dem *Provisorium* kommt es in den Wissenschaften, die sich mit der Erkenntnis von Details, Regelmäßigkeiten und Zusammenhängen unserer Welt befassen, neben dem sich fortsetzenden Auseinanderzweigen in immer kleinere Parzellen der Forschung wieder zu etwas größerer Übersichtlichkeit. Damit ergibt sich für Wissenschaftler die Chance, zu Forschungsansätzen und Gedankenmodellen angeregt zu werden, die ihnen sonst eher verschlossen bleiben würden.

Zwischen den beiden Forschungsstrukturen kann es zu einer Konkurrenz um knappe zu verteilende Mittel kommen. Es kann geschehen, dass die Mittel für ein Forschungsvorhaben der einen Forschungsstruktur gekürzt oder gestrichen werden zugunsten eines Forschungsvorhabens der anderen Struktur, wenn darin die Aussicht auf Erkenntnisgewinn günstiger eingeschätzt wird. Dies darf allerdings nicht auf einen willkürlich befristeten Wettbewerb mit bloß einer zum »Sieger« erklärten Forschungsstruktur hinauslaufen. Damit würde der Sinn der zwei Forschungsstrukturen, das bessere Ausschöpfen der Möglichkeiten, Erkenntnisse zu gewinnen, unterlaufen. Denn es kann sein, dass es in der zweiten Forschungsstruktur zu einem Erkenntnisschub kommt, der in der disziplinärwissenschaftlichen Struktur neue Projekte oder sogar Wissenschaftszweige hervorbringt, an die zuvor niemand gedacht hat. Umgekehrt kann von einem Fortschritt in einer wissenschaftlichen Disziplin ein befruchtender Impuls auf Inhalte der zweiten Forschungsstruktur ausgehen. Diese Chancen sollte man nicht mutwillig verspielen. Etwas anderes ist es, wenn sich irgendwann herausstellen sollte, dass die beiden Forschungsstrukturen ohne einengenden Zwang zu etwas Neuem zusammengewachsen sind und ihre Unterscheidung deswegen ihren Sinn verloren hat.

## Weniger willkürliches Beschränken von Forschung durch individueller kombinierbare Qualifikationen

Viele Wissenschaftler unterliegen besonderen Zwängen. Wissenschaftler einer Disziplin kontrollieren sich gegenseitig, damit sie die in sie gesetzten Hoffnungen erfüllen und zugleich die ihnen zugestandenen

Kompetenzrahmen nicht überschreiten. Dies kann zum beharrlichen und sorgfältigen Arbeiten anleiten, aber auch an der Grenze zu anderen Disziplinen die Kreativität ersticken. Dieses Abbrechen des Denkens an Stellen, wo es vielleicht besonders spannend wäre, verliert zusammen mit dem *Provisorium* an Bedeutung. Denn damit qualifizieren sich Wissenschaftler in Lernportionen und Lernpaketen, die individueller kombiniert sein können als eine Ausbildung in einer oder mehreren herkömmlichen wissenschaftlichen Disziplinen. Erkennt ein Wissenschaftler, dass es für ihn interessant sein könnte, etwas zu erforschen, das in ein anderes Fachgebiet hineinragt, dann wird es vermutlich oft weniger aufwendig für ihn sein, sich in zusätzlichen Lernportionen und Lernpaketen zu qualifizieren, als ein ganzes Studium mit Abschluss in einer wissenschaftlichen Disziplin auf sich zu nehmen. Haben bereits vor der Einführung des *Provisoriums* wissenschaftliche Disziplinen in der Konzeption ihrer jeweiligen Studiengänge Schritte unternommen, die dem entgegenkommen – z. B. indem Studienabbrechern erfolgreich bestandene Prüfungen in Teilbereichen einer Gesamtqualifikation bescheinigt werden, was die betreffenden Personen dann als wertvolle erworbene Eigenschaften oder allgemein anzuerkennende Befähigungen in ihre Lebensläufe schreiben können –, umso besser. Umso günstiger sind die Aussichten, dass die Einführung des *Provisoriums* eine tatsächlich zu bewältigende Aufgabe ist.

### Mehr Systematik im Erfassen von schon verfügbarem Wissen für ein Forschungsprojekt (→ Problem 11)

Unter den Lebenden ist niemand, der weiß, was alle Wissenschaft zusammen bis jetzt an Erkenntnissen über unsere Welt hervorgebracht hat. Wer nicht weiß, was der aktuell verfügbare Kenntnisstand beinhaltet, ist sich genau genommen auch nicht im Klaren darüber, was noch unerforscht ist, wo er ansetzen muss, um nach neuen Erkenntnissen zu suchen. So kann ein disziplinärer Wissenschaftler, der in irgendeiner Hinsicht mehr vom Kosmos zu begreifen versucht, im Ungewissen tappen, ob seiner Aufmerksamkeit etwas entgeht, das bereits in einer anderen Disziplin erarbeitet worden ist und das er – wenn er davon wüsste – ohne zusätzliche eigene Anstrengungen für ein eigenes Forschungsprojekt übernehmen könnte.

Diesbezüglich sicherer kann sich ein Wissenschaftler fühlen, der auf der Basis des *Provisoriums* forscht. Er erfasst beim Beantworten der Fragen nach den übereinstimmenden Merkmalen aller Körper oder von Teilmengen aller Körper uneingeschränkt Wissen aus allen, für das Forschungsprojekt relevanten wissenschaftlichen Disziplinen. Ohne Halt an Fachgrenzen schaut der Wissenschaftler, was einen Beitrag zum Erforschen des besonderen Gegenstandes zu leisten vermag. Dann stellt sich ihm die Frage nach seiner eigenen Fachkompetenz. Reicht diese nicht aus, geht es darum, für das Projekt geeignete, anders qualifizierte Personen hinzuzuziehen. Eventuell qualifiziert der Wissenschaftler sich selbst in zusätzlichen Lernportionen. Dieses Verfahren regt einerseits dazu an, den Kenntnissen aller Fachgebiete, die den Forschungsgegenstand tangieren, die nötige Aufmerksamkeit zu widmen, andererseits keine Abstriche bei den fachlichen Qualifikationen der mitwirkenden Wissenschaftler zu machen.

## Mehr Kommunikation zwischen Wissenschaftlern (→ Problem 11)

In den Wissenschaften, die unsere Welt in bestimmten Aspekten genauer zu begreifen versuchen, halten sich die Mitwirkenden nicht stur an ein Korsett sprachlicher Ausdrucksweisen, die Konsens unter einer größeren Zahl von Wissenschaftlern wären. Eine Fachsprache festzuschreiben, ihre Weiterentwicklung zu unterbinden, wäre kontraproduktiv. Damit nimmt man aber auch ein Nachlassen wissenschaftlicher Kommunikationsfähigkeit in Kauf. Die Frage lautet: Gibt es ein Mittel, den Wissenschaftlern ihre Freiheit zum Ausprobieren neuer fachspezifischer Ausdrucksweisen zu lassen und dennoch ihre Fähigkeit zur Kommunikation über Fachgrenzen hinweg aufrechtzuerhalten bzw. zu verbessern?

Kern dieser Kommunikation ist gewissermaßen der gemeinsame Nenner aller Disziplinen, das ganze Forschungsobjekt, der Kosmos, wovon die einzelne Disziplin einen besonderen Ausschnitt oder Aspekt geistig durchdringen möchte. Am ehesten können sich Wissenschaftler aller Spezialgebiete darüber verständigen, wie sie Merkmale des gemeinsamen Ganzen ausdrücken. Soweit äußern sich Wissenschaftler, die mit dem Erkunden unserer Welt befasst sind und sich als zweiter Forschungsstruktur des *Provisoriums* bedienen, in einer Sprache, die sie alle verstehen. Entwickeln sie sich parallel dazu in der ersten, der disziplinärwissenschaftlichen Struktur mit unterschiedlichen Fachsprachen und besonderen Methoden der Forschung auseinander und kommen zu neuen Einsichten, die als wissenschaftlich erwiesen gelten, dann machen sie daraus Lernportionen und evtl. Lernpakete für die zweite Forschungsstruktur. Diese Lernportionen und gegebenenfalls Lernpakete werden, für Verbindungen offen, neben die schon zuvor vorhandenen Lernportionen und Lernpakete gestellt. Es ist nicht auszuschließen, dass das, was neu hinzu kommt, zu Korrekturen in den Antworten auf Fragen nach übereinstimmenden Merkmalen von Körpern führt. Diese Korrekturen können bis zu den Antworten auf die zuvorderst gestellte Frage nach den übereinstimmenden Merkmalen aller Körper reichen. Je größer die Menge der in das jeweilige Fragen einbezogenen Körper ist, umso eher verstehen umso mehr Wissenschaftler verschiedener Forschungszweige die Sprache, in der die Frage beantwortet wird bzw. die übereinstimmenden Merkmale ausgedrückt werden. In der zweiten Forschungsstruktur treffen und verständigen sich also Wissenschaftler, die in der ersten Forschungsstruktur auf unterschiedliche Forschungszweige mit jeweils eigenen Fachsprachen spezialisiert sind. Zu dieser Verständigung in der zweiten Forschungsstruktur brauchen Wissenschaftler unterschiedlicher Ausrichtung weniger Barrieren zu überwinden, um zum geistigen Austausch zu gelangen, als es bei ausschließlicher Verfügbarkeit der disziplinärwissenschaftlichen Struktur sein würde.

Wissenschaftler aller Fachbereiche, die sich der genaueren Erkenntnis bestimmter Phänomene des Kosmos widmen, und wissenschaftsbasiert anwendungstechnische Experten haben in ihrer Eigenschaft als Laien wie alle anderen Laien auch ein Interesse daran, dass alle wissenschaftlichen Aussagen, die in die zweite Forschungsstruktur gestellt werden, mit den Merkmalen aller Körper und Merkmalen aller substantiellen Körper, die jeder auswendig gelernt mit sich trägt, widerspruchsfrei vereinbar sind. Denn sie brauchen die umgreifende Betrachtung des Kosmos für ihre Orientierung im Alltag. Jeder möchte, dass dabei der vollständige verfügbare Kenntnisstand des Informations- und Wissensknäuels berücksichtigt ist.

Das Bemühen um breite Kommunizierbarkeit in der zweiten Forschungsstruktur findet da seine Grenze, wo die wissenschaftliche Qualität der Inhalte zu leiden beginnt. Disziplinärwissenschaftliche Erkenntnisse von Merkmalen, die sich nur bei einer relativ kleinen Zahl von Körpern oder an einem einzigen Körper zeigen, erfordern Beschreibungen, die sich nur auf diese relativ selten oder einmalig vorkommenden Merkmale beziehen und meist nur von den unmittelbar damit beschäftigten Wissenschaftlern, evtl. von einigen wenigen wissenschaftsbasiert anwendungstechnischen Experten und speziell interessierten Laien verstanden werden.

Eine nur kleine Menge von Körpern, die in einem bestimmten Merkmal übereinstimmen, oder ein individueller Körper verfügen aber auch über andere Merkmale, in denen sie mit größeren Teilmengen aus allen Körpern sowie über Merkmale, in denen sie mit allen Körpern übereinstimmen und entsprechend in der zweiten Forschungsstruktur registriert werden. Sie entgehen also nicht der Aufmerksamkeit von Suchern nach übereinstimmenden Merkmalen bei größeren Mengen aller Körper. Von daher gibt es immer einen gewissen Druck, alle Körper mit allen ihren Merkmalen zu erfassen, über die die größte Menge aller anderen Körper auch verfügt. Auf diese Weise kommt es in der zweiten Forschungsstruktur zur größtmöglichen Kommunikation ohne Verlust an inhaltlicher Aussage zwischen Wissenschaftlern unterschiedlicher Forschungsschwerpunkte.

**Unter Wissenschaftlern mehr gegenseitige Prüfung von Beiträgen zur Forschung** (→ Problem 11)

Wenn ein Mitglied einer wissenschaftlichen Disziplin nicht sorgfältig genug recherchiert, wenn es falsche Schlüsse zieht, wenn es seine Kompetenz überschreitet, wenn es Forschungsergebnisse fälscht, dann sollen die Kollegen das Mitglied in die Schranken weisen. Dies liegt im Interesse des wissenschaftlichen Fortschritts sowie der anwendungstechnischen Experten und Laien, die sich auf wissenschaftliche Erkenntnisse verlassen. Allerdings ist ein Versagen der gegenseitigen Kontrolle niemals ganz auszuschließen.

Wolfgang Frühwald:

*»Nicht die eindeutig erkennbaren Fälle von Betrug, Fälschung, Datenerfindung und Plagiat sind dabei das Problem, sondern eine weite Grauzone struktureller Unredlichkeit in einem internationalen Systemzusammenhang. Die Versuchung zur Unredlichkeit wird dort übermächtig, wo auch die Publikation von Forschungsresultaten selbst den Fachgenossen keinen Aufschluß über die gemachten Experimente mehr geben kann, sondern nur die enge persönliche*

*Zusammenarbeit so viele Kenntnisse vermittelt, daß das von einem Kollegen gemachte Experiment nachgeprüft werden kann.«* (17)

Aus dem Bemühen von Wissenschaftlern, sich untereinander ausreichend zu kontrollieren und zugleich die Kreativität der Forschung nicht zu beeinträchtigen, kann sich ein Zielkonflikt ergeben. Außerdem liegt es in der Natur allgemein anzuerkennender Qualifikationen in Ausbildungen einzelner Fachgebiete, dass sich eine herrschende Lehrmeinung entwickelt. Dies wiederum kann dazu führen, dass sich der Corpsgeist einer mehrheitlichen Meinung zu einem bestimmten Forschungsgegenstand herausbildet, dessen Mitglieder sich nur noch gegenseitig bestätigen und dazu widersprüchliche Ansichten nicht mehr sorgfältig genug auf ihren wissenschaftlichen Gehalt hin untersuchen, sondern unreflektiert abwehren oder unterdrücken. Gegebenenfalls nehmen sie um ihres Wir-Gefühls willen die Möglichkeit der Behinderung weiterer wissenschaftlichen Fortschritts in Kauf.

Als noch schwieriger erweist sich die fächerübergreifende inhaltliche Prüfung. Immer mehr, immer enger definierte Forschungsbereiche führen zu einem tendenziellen Nachlassen der Abstimmung von Meinungen und Forschungsresultaten aufeinander. Zum umfassenderen Hinterfragen dessen, was in einem bestimmten Forschungsbereich geleistet wird, sind Wissenschaftler aus anderen Forschungsbereichen erforderlich. Doch weil es sich um verschiedene Forschungsbereiche handelt, finden solche Überprüfungen nicht automatisch statt. Darum muss man sich über die Tätigkeiten im eigenen Zuständigkeitsbereich hinaus besonders bemühen. Wer sich zu einem fremden Forschungsbereich äußert, muss sorgfältig argumentieren, um sich nicht dem Vorwurf auszusetzen, es mangele ihm an ausreichender Sachkenntnis. Ist die zur Verfügung stehende Zeit knapp, liegt es nahe, sich auf das eigene Fachgebiet zu beschränken und fächerübergreifende Prüfungen hintanzustellen.

Mit der Einführung des *Provisoriums* könnte sich die Qualität der inhaltlichen Prüfung zwischen Wissenschaftlern fächerübergreifend tendenziell verbessern. Denn zusammen mit dem *Provisorium* qualifizieren sich angehende Wissenschaftler mit individueller komponierten Lernportionen und Lernpaketen als in den wissenschaftlichen Disziplinen. Der einzelne Wissenschaftler stellt seine Meinungen und Forschungsergebnisse in die zweite Forschungsstruktur. Darin sind seine Äußerungen den präsentierten Meinungen und Forschungsergebnissen aus seinem eigenen Forschungsbereich und allen anderen Forschungsbereichen, die in irgendeiner Hinsicht nach mehr Kenntnissen über unsere Welt suchen, ausgesetzt. Dies bedeutet eine systematischere Prüfung der Beiträge des Wissenschaftlers, die auch praktikabel erscheint, weil sie wegen der großen Zahl der beteiligten Personen Unehrlichkeit erschwert, weil sie auf Basis des aktuellen Kenntnisstandes aller in der zweiten Forschungsstruktur präsenten Forschungsbereiche ziemlich weitgehend beinahe automatisch zu Korrekturen von in irgendeiner Hinsicht fehlerhaft erscheinenden Aussagen führt, bevor das Ansehen der Wissenschaft nachhaltig darunter zu leiden beginnt. Auf diese Weise ließe sich zusammen mit anderen, aus der disziplinärwissenschaftlichen Struktur bekannten und bewährten Methoden der gegenseitigen Prüfung, deren Anwendung, so wie es erforderlich erscheint, beibehalten, reduziert oder ausgedehnt werden kann, die Qualität der Forschungsergebnisse durchgängiger sichern.

**Einwand:** Disziplinäre Wissenschaftler stellen doch bereits ihre Meinungen und Forschungsergebnisse in Informations- und Wissensnetze, die über Computer erreichbar sind und auch Verknüpfungen zulassen. In den Informations- und Wissensnetzen auf disziplinärwissenschaftlicher Basis werden doch bereits Aussagen einander gegenübergestellt, aneinander geprüft. Was ist der Prüfungsvorteil, wenn Wissenschaftler ihre Aussagen in die zweite Forschungsstruktur stellen? **Antwort:** Soweit es die Technik der Speicherung und Verknüpfung von Informationen und Wissen betrifft, ist nichts neu an der zweiten Forschungsstruktur. Dadurch, dass die Nutzung von Informations- und Wissensnetzen sich schon vielfach als praktikabel erwiesen hat, kann eine wichtige Voraussetzung für die zweite Forschungsstruktur bereits als gesichert gelten. Die große Veränderung findet auf einer anderen Ebene statt. Die Informations- und Wissensnetze sind nichts wert ohne Menschen und ihre Denkweisen beim Umgang mit den Netzen. Wer nur disziplinärwissenschaftlich arbeitet, stellt seine Aussagen in ein Informations- und Wissensnetz. Seine Aussagen werden in dem Umfang mit anderen, in dem Informationsnetz gespeicherten Aussagen verknüpft, wie er selbst dies tut, wie andere disziplinäre Wissenschaftler, von Disziplinen ausgehende Experten und evtl. ein weiterer Personenkreis auf seine Aussagen aufmerksam werden und Verknüpfungen dazu herstellen. Jeder von ihnen kann nur auf sehr wenige Informationen und Wissen aus der großen verfügbaren Menge aufmerksam werden. Der größte Teil des Informationsnetzes bleibt dem einzelnen Nutzer unbekannt. Er lernt nicht systematisch Merkmale kennen, die den ganzen Inhalt des Netzes beschreiben. Er gewinnt eher nicht die Überzeugung, etwas Wesentliches von dem Inhalt des ganzen Netzes in seinem Kopf zu beherrschen. Entweder bringt es seine Tätigkeit oder sein nachhaltiges Interesse mit sich, dass seine Aufmerksamkeit beständig um eine bestimmte begrenzte Stelle im Netz kreist. Oder er hält sich mal an der einen, mal an einer anderen Stelle im Netz auf, schaut sich ein bisschen oder ein bisschen intensiver um und zieht dann weiter zur nächsten Stelle.

Mit dem *Provisorium* und der zweiten Forschungsstruktur hingegen verinnerlicht der Nutzer übereinstimmende Merkmale von allen Körpern im Kosmos. Auf diese Gesamtheit aller Körper bezieht sich auch der ganze Inhalt des Informationsnetzes. Sein Nutzer hat nicht nur ein Interesse an den Aussagen, die er selbst in das Informationsnetz stellt, an Aussagen anderer Autoren, die er seiner Neugierde folgend sucht, oder an Aussagen, auf die er zufällig stößt. Er hat ein Interesse am ganzen Inhalt des Netzes. Denn er ist nicht nur Wissenschaftler sondern auch Laie. Als solcher möchte er, dass die übereinstimmenden Merkmale aller Körper und die übereinstimmenden Merkmale aller substantiellen Körper, die er auswendig gelernt in seinem Kopf trägt und die ihm als Orientierung in der Selbstbehauptung wichtig erscheinen, widerspruchsfrei zu allen Aussagen im Netz sind. Deshalb ist ihm wiederum in seiner Eigenschaft als Wissenschaftler daran gelegen, dass der gegenseitige Abgleich aller Informationen und allen Wissens im Netz möglichst gut funktioniert. Er hat ein Interesse daran, dass es eine möglichst lückenlose Qualitätssicherung der im Netz vorhandenen Inhalte gibt.

### Gezielter Forschen, wo ein Weg frei ist

Zwar wird sich kein passionierter Wissenschaftler jemals einfach mit der Annahme zufrieden geben, dass eine undurchdringliche Barriere keine weitere Erkenntnis über sein Forschungsobjekt zulässt. Er wird versuchen, mit seinem Begreifen bis zum Limit vorzustoßen. Gleichwohl wird sein Verhalten davon beeinflusst, ob er zusammen mit dem *Provisorium* Urgesetze, die dem Kosmos vorgegeben und konstant sind, und von Körpern gemachte Naturgesetze unterscheidet oder bloß disziplinärwissenschaftlich diesen Unterschied nicht macht. Ohne Unterscheidung zwischen Urgesetzen und von Körpern gemachten Naturgesetzen forscht er eher unentwegt vergeblich weiter, bis er aus einem unwissenschaftlichen Grund von seinem Forschungsgegenstand ablässt. Anerkennt er den Unterschied und forscht er vergeblich, dann stellt er irgendwann die Frage, ob da ein für den menschlichen Verstand nicht weiter erklärbares Urgesetz ist. Bejaht er diese Frage, dann findet er sich damit ab und ändert sein Forschungsziel. Dies kann zu gezielterem Forschen dort führen, wo ein Weg zu mehr Erkenntnis frei ist.

Zusammen mit dem *Provisorium* fällt es einem Wissenschaftler auch schwerer, in der folgenden Weise zu argumentieren: Wo meine Wissenschaft an eine Grenze der Erkenntnis stößt, gibt es bestimmt Wissenschaftler einer anderen Disziplin, die über diese Grenze hinausgehen und mehr erkennen werden. Denn die Forschungsstruktur des *Provisoriums* unterscheidet sich von der disziplinärwissenschaftlichen Struktur darin, dass es die so sehr andere Wissenschaft zur Beschreibung des Kosmos nicht gibt.

Ein nur disziplinärer Wissenschaftler, der eigentlich ein Bedürfnis nach Religiosität hat, diese aber in sich unterdrückt, neigt möglicherweise dazu, wissenschaftlicher Prüfung standhaltende Erkenntnisse mit Fantasie zu mischen, die sein Unzufriedensein darüber, das Geheimnis hinter dem Kosmos nicht aufklären zu können, beruhigen soll. Gegebenenfalls behindert er wissenschaftlichen Fortschritt mehr, als dass er ihm zuarbeitet.

Mit dem *Provisorium* hingegen ist für einen Wissenschaftler das undurchdringlich Geheimnisvolle unserer Welt zweifelsfrei ein Faktum. Nicht mit vollständiger Gewissheit zu beantworten bleibt nur, wo genau in allen möglichen Aspekten unserer wissenschaftlichen Beschreibung des Kosmos das Unbegreifliche beginnt bzw. dem menschlichen Bemühen, den Kosmos zu verstehen, die absolute Grenze setzt. Ein Wissenschaftler erkennt zusammen mit dem *Provisorium* auch an, dass dieses undurchdringlich Geheimnisvolle Grundlage von Religiosität sein kann – einerlei, ob er persönlich ein religiöses Bedürfnis hat oder nicht. Hat er ein solches Bedürfnis, dann schließt er seine Religiosität da an, wo seine wissenschaftliche Erkenntnis des Kosmos an ihre Grenze stößt. Dies hält ihn tendenziell davon ab, prüfbare Wissenschaft mit wissenschaftlich unhaltbaren Theorien über das unerforschliche Geheimnis zu vermengen.

**Religiöses Bedürfnis ohne Anschluss an wissenschaftlich fundiertes Begreifen des Kosmos – die eigene, einzig wahre Religion – Andersdenkende als Bedrohung – Gefahr für die öffentliche Sicherheit – Option, mit dem *Provisorium* wissenschaftliche und religiöse Deutung des Kosmos zusammen denken zu können (→ Problem 12)**

So beachtlich die von Menschen gewonnenen wissenschaftlichen Erkenntnisse auch sind: Es handelt sich dabei immer nur um Erkenntnisse innerhalb der Möglichkeiten menschenspezifischer Wahrnehmung und Interpretation. Diese Einschränkung wiegt schwer, weil das Dasein des einzelnen Menschen zeitlich begrenzt ist. Mit seinem Ende ist auch seine menschenspezifische Wahrnehmung der Welt vorbei. Vom Verstorbenen bleiben kleinere nichtmenschliche Körper übrig. Zwar lässt sich mit menschenspezifischen Möglichkeiten beobachten, was unter bestimmten Umweltbedingungen mit einem nichtmenschlichen Körper, der besondere registrierbare Merkmale aufweist, geschieht. Für jeden so beobachteten Körper können Wissenschaftler grundsätzlich feststellen, dass er die Welt erfährt. Doch jeder dieser Körper erfährt in sich selbst das um ihn herum Geschehende anders als ein Mensch. Dies findet aus der Perspektive eines Menschen innerhalb des Kosmos und dennoch in für ihn jenseitigen Erfahrungswelten statt.

Kleinere nichtmenschliche Körper, die zur Organisation des Menschen beitragen, sind in diesen jenseitigen Welten bereits erfahren. Jeder Mensch weiß, dass für das, was nach seinem Tod von ihm übrig bleibt, die jenseitigen Erfahrungswelten die einzigen Erfahrungswelten sein werden. Manche Menschen haben ein Bedürfnis, sich damit auseinanderzusetzen, sich darauf gefasst zu machen.

Erfahrung ist etwas Subjektives. Deshalb können Wissenschaftler wenig darüber sagen, wie nichtmenschliche Körper, die vom Menschen übrig bleiben, die Welt erfahren. Einfach macht ein Wissenschaftler es sich, indem er behauptet, dass nur biologische Organismen ab einer bestimmten Höhe der Organisiertheit irgendwie selbst registrieren, dass sie etwas erfahren, und daraus schließt, dass die Teilkörper, die vom Menschen nach seinem Tod übrig bleiben, nicht dazu zählen. Doch dies überzeugt nicht alle Menschen und kann ein Grund sein, warum einige sich trotz der vielen wissenschaftlich gewonnenen Kenntnisse über den Kosmos der Religiosität als dem zuwenden, was ihnen am verfügbarsten erscheint, um jenseits wissenschaftlich begründeter Deutungen nach Antworten zu suchen. Dies kann auch das Bedürfnis einschließen, zu etwas Schicksal-Bestimmendem jenseits des Menschseins hin zu denken oder zu sprechen, um sich vor einer ungewissen Zukunft weniger ohnmächtig zu fühlen – in der Hoffnung, so eher Gewünschtes zu erlangen und Befürchtetes zu verhindern.

Wer es für schwierig oder überhaupt nicht möglich hält, sein religiöses Bedürfnis in Einklang mit dem Begreifen des Kosmos zu bringen, wie es seine Behauptung in der wissenschaftlich anwendungstechnisch geprägten Umgebung von ihm verlangt, der taucht möglicherweise in eine andere Welt von Gedanken ein, in der das disziplinärwissenschaftliche Begreifen nicht gilt. Diese andere Welt können private Gedanken des Einzelnen sein. Oder es ist ein Glaube, den er mit anderen teilt, das Bekenntnis zu einer legendenhaft überlieferten Religion, an dem er sein Religiössein festmacht. Das Bekenntnis dazu kann er so sehr verinnerlichen, dass er meint, nicht mehr ohne dieses leben zu können. Er kann seinen Glauben für absolut wahr halten und sich daran stören, wenn andere Menschen sich zu einer anderen oder zu keiner Religion bekennen. Möglicherweise fühlt er sich von diesen in seiner Existenz angegriffen, möchte von ihrem Anblick verschont werden, sie »bekehren« oder vernichten. Je mehr Menschen in einer stark von wissenschaftlich begründeter Anwendungstechnik durchdrungenen Umgebung so eingestellt sind, umso größere soziale Spannungen und zerstörerische Aggressionen können daraus werden. Davon kann sich niemand außer denen, die mit Kampfhandlungen ihren Lebensunterhalt verdienen, einen Gewinn oder Sieg erhoffen. Deshalb liegt es im Interesse fast aller Menschen auf der Erde – als Beitrag zur Aufrechterhaltung der öffentlichen Sicherheit auch derer, die selbst nicht religiös sein möchten –, dahin zu gelangen, wissenschaftliche Interpretation der Welt, daraus hervorgehende Anwendungstechnik und Lebensweisen als mit Religiosität widerspruchsfrei zusammengehörig betrachten zu können.

Religiosität kann sich auf viele Weisen ausdrücken. Niemand kann beweisen, dass sein besonderes Glaubensbekenntnis, mit dem er sich identifiziert, richtiger als alle anderen ist. Deshalb werden sich die religiös Bedürftigen auf dieser Ebene niemals einig. Viel mehr Menschen können einer Aussage, die wissenschaftlich als hinreichend gesichert gilt, zustimmen. Deswegen muss die gedankliche Leistung, die als Grundlage für ein Gesamtverstehen aus wissenschaftlichem Deuten der

Welt und religiöser Anschauung dienen kann, hauptsächlich von den Wissenschaften ausgehen, die mit dem Begreifen von Details, Zusammenhängen und Regelmäßigkeiten bestimmter Phänomene des Kosmos befasst sind.

Das Bedürfnis und Bemühen, unsere Welt zu begreifen, reicht weit zurück. Auf dieses Bedürfnis von Menschen gaben Philosophen und Autoren, die für legendenhaft überlieferte Religionen sprachen, jahrhundertelang für viele Menschen maßgebliche Antworten. Es war ein Fortschreiten von sehr oberflächlichen und zum Teil auch fantasiereichen Anschauungen zu genauerem Beschreiben. Von Religionen gingen Deutungen über den Ursprung und die Schöpfung des Kosmos sowie Interpretationen von aktuell Erlebtem aus, die zum Weiterdenken anregten. Damit trugen Religionen mit zu dem Boden bei, auf dem wissenschaftlich fundiertes Begreifen des Kosmos möglich wurde. Das Christentum beispielsweise vertrat die aus dem ersten Buch Mose (Genesis) übernommene Lehre von der Erschaffung der Welt als einem Sechstagewerk Gottes. Diese Deutung des Werdens der Welt erschien vielen Menschen ausreichend, bis Theorien über die Evolution aufkamen und den Glauben an das bis dahin für gewiss Gehaltene einem Widerspruch aussetzten. Wer sich eine Evolutionstheorie zu eigen macht, kann zwar weiter an der Meinung festhalten, dass der Kosmos von Gott erschaffen worden sei. Auch einen Eingriff Gottes in das aktuelle Geschehen kann er für möglich halten. Doch tut er sich schwer damit, noch an die Erschaffung des Kosmos an nur sechs Tagen zu glauben. Ob auch Evolutionstheorien irgendwann von anderen, mehr Menschen überzeugenden Ansichten abgelöst werden, weiß niemand im Voraus. Dafür ist unsere Erkenntnis des Weltalls zu sehr in Bewegung.

Was bedeutet dies für Gläubige legendenhaft überlieferter Religionen? Eigentlich liegt es nahe für sie, Interpretationen von Details des Kosmos, die sich mit dem zunehmenden wissenschaftlichen Begreifen wandeln, vom beständigen Kern ihrer Glaubensinhalte zu trennen und wissenschaftliche Fortschritte mitzugehen. Dieses Mitgehen können sie als Kontinuität zu ihrem frühwissenschaftlichen Anteil am Fortschritt im Kennenlernen des Kosmos verstehen. Damit werden sie am ehesten dem Anspruch gerecht, der Wahrheit verpflichtete Religionen zu sein, auch wenn sich Details des aktuellen Standes der Wissenschaft später als Irrtum erweisen können. Sich kontinuierlich mit dem gerade aktuellen Stand wissenschaftlichen Begreifens sowie den sich daraus ergebenden anwendungstechnischen Möglichkeiten zu befassen und unter diesen Bedingungen für die Gläubigen der jeweiligen Religion gemäßes Verhalten zu formulieren, kann eine Aufgabe der die Religion leitenden oder durch ihre Autorität Gehör findenden Gläubigen sein, die überzeugend erfüllt die gesellschaftliche Bedeutung der Religion unterstreicht. Verhalten sich die Gläubigen legendenhaft überlieferter Religionen so? Manchmal tun sie das. Manchmal scheint es so, dass sie dem lieber ausweichen. Trifft Letzteres zu, dann kann dies auf Denkrahmen wissenschaftlicher Disziplinen, die sich mit dem genaueren Begreifen des Kosmos befassen und Religiosität nahezu ignorieren, zurückzuführen sein. Passen die religiös Bedürftigen ihr Bekenntnis uneingeschränkt den wissenschaftlichen Fortschritten im Beschreiben des Kosmos an, dann haben sie mit dem disziplinärwissenschaftlichen Denken keine Garantie, dass ihnen ihr religiöser Zugang zum Kosmos nicht aus der Aufmerksamkeit verschwindet. Diese Garantie bekommen sie durch das Hinzufügen des *Provisoriums.* Mit ihm werden zuvorderst Regelmäßigkeiten und Zusammenhänge des ganzen Kosmos gedacht. Es handelt sich um Merkmale des Kosmos, die alle Körper, alles aus Energie Bestehende betreffen. Darunter befinden sich auch die Urgesetze, die schon seit dem Beginn des Kosmos da sind. Was diese Gesetze bewirkte, ist wissenschaftlich nicht ergründbar. Dies wird im wissenschaftlichen Interpretieren der Welt zusammen mit dem *Provisorium* als Faktum anerkannt. Mit dieser Feststellung kann ein Mensch sich begnügen. Gibt er sich damit nicht zufrieden, dann liegt es nahe für ihn, jenseits wissenschaftlicher Überprüfbarkeit etwas Impulsgebendes von außerhalb des Kosmos anzunehmen. Noch einen gedanklichen Schritt weiter lässt sich damit eine zu dem Impulsgebenden hin gerichtete Religiosität verbinden. Diese Religiosität kann individuell sein oder sich im Bekenntnis zu einer legendenhaft überlieferten Religion ausdrücken.

So enthält das aus wissenschaftlichen Disziplinen hervorgehende *Provisorium* die Option, Religiosität daran anschließen zu können. Diese Option bleibt den religiös bedürftigen Menschen erhalten, ungeachtet dessen, was genau an zusätzlichen wissenschaftlichen Kenntnissen über den Kosmos dazukommt. Die religiös bedürftigen Menschen, die Gläubigen legendenhaft überlieferter Religionen bekommen mit dem *Provisorium* also einen Grund, sich dem wissenschaftlichen Fortschritt gegenüber vorbehaltloser offen zu zeigen. Sie können wissenschaftlich begründete und religiöse Deutung des Kosmos als zueinandergehörende Komponenten einer Gesamtdeutung der Welt denken.

Wissenschaft, die unsere Welt zu erforschen versucht, hat zwar viel mit Glauben zu tun. Man glaubt daran, mit bestimmten Begriffen einen Sachverhalt am besten erfassen zu können. Man konstruiert astronomische Geräte auf bestimmte Weise, beobachtet damit andere Planeten unseres Sonnensystems und leitet daraus den Glauben ab, dass Pluto unter den die Sonne umkreisenden Planeten den äußeren Abschluss bildet. Manches in der Wissenschaft wird so lange geglaubt, bis es durch einen anderen Glauben ersetzt wird, ohne dass dieser unbedingt wissenschaftlich beweiskräftiger ist. Gleichwohl handelt es sich bei alldem um keine Religion.

Doch an der Grenze, bis zu der Wissenschaft reicht und jenseits derer es ein unerforschliches Geheimnis gibt, kann ein Mensch, der vom *Provisorium* aus wissenschaftlich denkt, sein individuelles Bedürfnis zur Religiosität anschließen. Das bedeutet: Er stillt sein religiöses Bedürfnis, ohne sich dazu auf das Bekenntnis zu einer legendenhaft überlieferten Religion stützen zu müssen. Er macht sich von keiner legendenhaft überlieferten Religion so abhängig, dass er meint, ohne sein Bekenntnis zu ihr nicht mehr leben zu können. Keine überlieferte Religion wird zur einzig wahren Religion für ihn. Deshalb fühlt er sich auch tendenziell weniger in seiner Existenz bedroht, wenn ihm Andersgläubige begegnen. Es gibt für ihn weniger Grund, sich dermaßen an Andersgläubigen zu stören, dass in ihm der Wunsch heranreifen würde, diese zu bekehren oder zu vernichten.

Könnte sich daraus ein toleranterer Umgang von Gläubigen unterschiedlicher legendenhaft überlieferter Religionen miteinander ergeben? Dies kann man sich wünschen, wenn man bedenkt, wie viele Menschen unterschiedlicher religiöser Bekenntnisse in Städten auf engem Raum nebeneinander leben. Ob es tatsächlich zu mehr gegenseitiger Toleranz kommt, bleibt abzuwarten. Denn beim Verhalten von Gläubigen unterschiedlicher Bekenntnisse zueinander geht es nicht immer allein um die Erfüllung des Bedürfnisses, religiös zu sein. Dieses Bedürfnis kann von Ambitionen einzelner Menschen, die in einer religiösen Gruppe eine Chance sehen, Macht zu entfalten, und von dem Druck, dem das Verhalten des Einzelnen durch seine Zugehörigkeit zu einer Gruppe ausgesetzt ist, überlagert werden. Manchmal sind Gläubige verschiedener Konfessionen, die hinsichtlich ihrer Glaubensinhalte sehr nahe beieinander sind, besonders aggressiv zueinander, entweder um einander zu unterjochen oder um die Abgrenzung voneinander nicht zu verlieren, weil sie befürchten, sonst irgendwelche Nachteile hinnehmen zu müssen. Menschen, die sich zur Geltung bringen möchten und nun einmal nicht beim Militär, auf keinem Finanzmarkt und in keiner Umweltschutzorganisation sondern in einem religiösen Umfeld befinden, suchen die sich dort bietenden Gelegenheiten, um ihren unreligiösen Zielen nachzugehen.

Im Anhang:
(22)   Schlägerei in Jerusalemer Grabeskirche

## Macht das Ziel eines Gottesstaates zusammen mit dem *Provisorium* noch einen Sinn?

Ob es viele Menschen auf der Erde gibt, die im Namen einer bestimmten legendenhaft überlieferten Religion regional oder die ganze Erde einbeziehend einen Gottesstaat errichten wollen, wie viele darunter auch Terror und militärisch zu führende Auseinandersetzungen zur Unterwerfung oder Vernichtung ihrer Gegner befürworten, sei dahingestellt. Auch wenn es sich nur um kleine Minderheiten handeln sollte, müssen ihre Absichten im Hinblick auf den immer leichter gewordenen Erwerb von Zerstörungsgerät mit hohem Bedrohungs- und Zerstörungspotential sowie im Hinblick auf die vielen, kaum vor Anschlägen schützbaren Aufenthaltsorte von Menschen ernst genommen werden. Auch wenn sich diesbezügliche Befürchtungen schließlich zerstreuen, sind Maßnahmen der Gefahrenabwehr mit zum Teil hohem Aufwand verbunden.

Zusammen mit dem *Provisorium* muss niemand den Glauben verbinden, der Kosmos und damit auch der Planet, auf dem wir leben, seien von Gott erschaffen worden. Es besteht bloß die Option dazu. Schließt ein Mensch an seine Kenntnis des *Provisoriums* aus persönlichem Wollen Religiosität an, dann kann dies beinhalten, in Gott das für den menschlichen Verstand undurchdringliche Geheimnis zu denken, das den ganzen Kosmos und damit auch alle Menschen verursacht und dann sich selbst überlassen hat oder andauernd ihre Existenz gewährleistet.

Was sind die gedanklichen Grundlagen dazu? Zusammen mit dem *Provisorium* wird zwischen Urgesetzen und von Körpern gemachten

Naturgesetzen unterschieden. Urgesetze sind schon da, wenn der Kosmos zu existieren beginnt, und ändern sich für die Dauer seiner Existenz nicht mehr. Von Körpern gemachte Naturgesetze hingegen sind Verhaltensweisen von Körpern im Kosmos, die sich unter bestimmten Bedingungen bewährt haben und nur so lange beibehalten werden, bis sie sich als weniger effizient im Vergleich zu anderen Verhaltensweisen oder als gänzlich unbrauchbar für die Bewahrung der Existenz von Körpern mit bestimmten Merkmalen erweisen.

Ist ein Mensch zusammen mit dem *Provisorium* der Auffassung, Gott habe den Kosmos geschaffen und ohne seine ständige Aktivität würden der Kosmos und alle seine Einzelheiten nicht möglich sein, dann drückt sich im ganzen Kosmos der Wille Gottes aus. Dann sind nicht bloß die unumstößlichen Urgesetze, sondern auch die Naturgesetze, die sich als Erfolgsmodelle des Verhaltens von Körpern vorübergehend bewährt haben, von Gott so gewollt. Dann ist der ganze Kosmos und jedes von Menschen gebildete Gemeinwesen Ausdruck von Gottes Willen. Dann erscheint es unsinnig, die Erde im Namen einer bestimmten Religion erobern, überall einen Gottesstaat errichten zu wollen.

Denkt der religiöse Mensch zusammen mit dem *Provisorium* an Gott als Ursache des Kosmos, die dessen weiteren Gang sich selbst überließ, dann existiert der Kosmos immer noch so weit nach dem Willen Gottes, wie die Urgesetze den für die Existenz des Kosmos und der Menschheit maßgeblichen Rahmen bilden. Das bedeutet: Körper, die mit bestimmtem Verhalten unter bestimmten existentiellen Bedingungen Erfolg haben, der sich »herumspricht«, sodass immer mehr Körper die Verhaltensweise wiederholen, bis ein Naturgesetz daraus wird, können dies nur im Rahmen dessen tun, was Gott mit den Urgesetzen vorgegeben hat. Würde Gott die Urgesetze ersatzlos beenden, wären auch der Kosmos und alle von Körpern gemachten Naturgesetze nur noch Vergangenheit.

Kann daraus im Namen einer bestimmten Religion abgeleitet werden, dass nach der Erschaffung der Urgesetze Körper des Kosmos dem Willen Gottes widersprechende Naturgesetze geschaffen haben? Dies kann man zwar behaupten. Aber dass es von Körpern gemachte Naturgesetze gibt, heißt nicht, dass ein Mensch oder eine Gruppe von Menschen imstande wäre, absichtlich ein solches Naturgesetz zu korrigieren oder durch ein anderes zu ersetzen, das Gott besser oder schlechter gefallen würde.

Bei der Bildung eines Staates sind alle Menschen an die Naturgesetze gebunden. Macht es unter diesen Bedingungen für Gläubige einer bestimmten legendenhaft überlieferten Religion, die das *Provisorium* für sich nutzen, einen Sinn, Menschen, die zusammen mit dem *Provisorium* das undurchdringliche Geheimnis hinter dem Kosmos anerkennen, sich aber nicht zu der besonderen Religion bekennen, als Feinde Gottes zu betrachten, die in seinem Namen zu unterwerfen oder ihrer Existenzgrundlagen zu berauben sind? Die Frage ist zu verneinen, wenn ein Nutzer des *Provisoriums*, der auch religiös sein will, mit *Gott* nichts anderes meint als das, was für ihn im Anschluss an das *Provisorium* am naheliegendsten ist: Gott als das, was den Kosmos verursachte, sich nach seinem Entstehen selbst überließ oder weiterhin lenkt. Denn Menschen auf der ganzen Erde können nicht anders, als nach Regeln zu leben, die Gott vorgegeben hat. Wer trotzdem zusammen mit der Nutzung des *Provisoriums* für die Errichtung eines Gottesstaates eintritt, würde zeigen, dass es ihm eigentlich nicht um die Errichtung eines gottgefälligeren Staates, sondern bloß darum geht, Menschen in einer bestimmten Region oder auf der ganzen Erde seinen eigenen Willen aufzudrücken und sein Vorgehen, das nach überstaatlich konsensfähiger Bewertung missbilligt wird, zur Selbstrechtfertigung so darzustellen, als ob es der zwingende Wille einer über den Menschen befindlichen Autorität wäre.

Wer in seinem Alltag disziplinärwissenschaftlich begründeten Ansichten über unsere Welt folgt, aber auch religiös sein möchte, bedarf dazu einer vom disziplinärwissenschaftlichen Denken abgehobenen Deutung des Kosmos und von sich selbst darin. Dies kann einen religiös Gläubigen dazu verleiten, die gegebene Komplexität unserer Welt aus seiner religiösen Anschauung auszuschließen. Er kann dazu neigen, ihn störende Gegebenheiten auszublenden, sich einzureden, über die von Gott bevorzugte Religion zu verfügen und daraus Privilegien für sich abzuleiten: z. B. von allen Andersgläubigen oder für ungläubig Gehaltenen verlangen zu dürfen, sich an geltendes Recht zu halten, selbst aber als Vollstrecker von Gottes Werk nicht an Recht und Gesetz gebunden zu sein; oder ein bestimmtes Land für sich beanspruchen und daraus alle Anders- oder vermeintlich Ungläubigen gewaltsam entfernen zu dürfen.

Mit dem *Provisorium* wird es leichter, an das wissenschaftlich fundierte Begreifen der Komplexität des Kosmos Religiosität anzuschließen. Es wird leichter, in der Religiosität zu berücksichtigen, dass Gott die Komplexität des Kosmos will oder zulässt. Menschen, die sich das *Provisorium* zu eigen machen und dazu religiös sein wollen, liegt es eher fern, die Komplexität unserer Welt vernachlässigend, sich selbst als von Gott bevorzugte Rechtgläubige in einem Reich des Guten und alle Andersgläubigen oder für ungläubig Gehaltenen in einem Reich des Bösen zu sehen, das als Beweis gottgefälligen Verhaltens niederzuringen wäre.

Wer religiös ist und damit etwas Bestimmtes in seinem Dasein erreichen will, denkt mit den geistigen Möglichkeiten eines Menschen zu einer im Kosmos befindlichen geistigen Figur jenseits des Menschseins hin, der er eine höhere Macht zuschreibt, das Leben des Menschen in einer von ihm gewünschten Weise zu beeinflussen. Denkt der religiös Gläubige Gott als das, was den Kosmos verursachte und auch gegenwärtig wie künftig aktiv lenkt, dann kann die geistige Figur, der sich der Mensch zuwendet, Gott als der allmächtige Schöpfer des Kosmos sein. Denkt der religiös Gläubige Gott als das, was den Kosmos und seine Urgesetze geschaffen und daraufhin sich selbst überlassen hat, so ist dem Menschen der geistige Zugang zu Gott versperrt. Dann denkt der Mensch die geistige Figur als etwas, das innerhalb des Kosmos mächtiger als er selbst ist und von dem er annimmt, dass es sein Schicksal im Sinne dessen, was er sich wünscht oder von sich abwenden möchte, beeinflussen kann, dass seine Bitten an diese Adresse etwas zu seinen Gunsten zu bewirken vermögen. Es kann sich auch um eine geistige Figur handeln, von der der Gläubige annimmt, sie könne sich beim allmächtigen Gott für den Menschen einsetzen. Der Gläubige kann die geistige Figur, der er sich zuwendet, ganz mit seinen eigenen Inhalten füllen oder der Vorgabe einer geistigen Figur durch eine legendenhaft überlieferte Religion, zu der er sich bekennt, folgen.

Soweit eine solche Hinwendung zu einer geistigen Figur mit schicksalsbestimmender Macht über den Menschen sich in keinem Widerspruch zu den Urgesetzen und von Körpern gemachten Naturgesetzen befindet oder von diesen Gesetzen unterstützt wird, kann der Mensch mit seinen Gedanken tendenziell oder tatsächlich etwas in seinem Sinne erreichen. So kann demjenigen, der zusammen mit dem *Provisorium* religiös sein möchte, seine Hinwendung zu einer geistigen Figur, der er mehr Macht als sich selbst zuschreibt, höherwertig erscheinen, als wenn er auf der Basis von Erkenntnissen über den Kosmos allein aus wissenschaftlichen Disziplinen religiös sein würde. Ihm wird gegebenenfalls klar, dass er mit dem *Provisorium* und der Bündelung der vielen, in wissenschaftlichen Disziplinen gesammelten Erkenntnisse über den Kosmos, mit den Inhalten seiner auf dieser Grundlage formulierten Wünsche, seiner widerspruchsfrei daran anschließenden Religiosität und seinem davon geleiteten Handeln seltener scheitert. Denn er vernachlässigt seltener für seine Anliegen wichtige Aspekte der von Gott vorgegebenen oder zugelassenen Komplexität des Kosmos. Er emotionalisiert sein Bewusstsein eher weniger damit, selbst rechtgläubig zu sein und andere, denen er dies abspricht, bekämpfen zu müssen. So gehen von Menschen, die ein Bedürfnis nach Religiosität haben und das *Provisorium* für sich nutzen, tendenziell weniger Gefahren für die weltweite öffentliche Sicherheit aus als von Menschen mit religiösem Bedürfnis, die ihr wissenschaftlich fundiertes Begreifen der Welt bloß auf Erkenntnisse aus wissenschaftlichen Disziplinen stützen.

# Wer an der Vorbereitung des *Provisoriums* mitwirken könnte

Wer könnte aus der Einführung des *Provisoriums* Nutzen ziehen? Eigentlich jeder, der sich Zugang zum *Provisorium* zu schaffen vermag. So kann auch jeder, der dazu in der Lage ist, sich an der Vorbereitung des *Provisoriums* zu beteiligen, einen Grund finden, dies auch zu tun. Je größer die Motivation ist, etwas Bestimmtes zu erreichen und je plausibler es erscheint, dass die Nutzung des *Provisoriums* dem förderlich sein könnte, umso attraktiver ist es für eine Person oder Gruppe, sich für die Einführung des *Provisoriums* einzusetzen. Im Folgenden finden Sie ein paar Beispiele dafür, was für Beweggründe Menschen in besonderen Interessenlagen haben können, selbst etwas zur Einführung des *Provisoriums* beizutragen.

## Entscheider unter komplexen Bedingungen

Je folgenreichere Entscheidungen ein Laie oder Experte für sich persönlich oder eine Gruppe von Menschen trifft, tendenziell umso größer sind die Effekte in den Ergebnissen, die er durch die Nutzung des *Provisoriums* im Sinne seiner Vorhaben erzielen kann. Denn umso mehr kommt es für ihn darauf an, dass er in seinen Entscheidungen alle relevanten Aspekte mitberücksichtigt. Für jeden, der von Entscheidungen eines anderen betroffen ist, liegt es umso mehr im eigenen Interesse, dass der Entscheider keine wesentlichen Aspekte außer Acht lässt, je schwerwiegender die Folgen für den Betroffenen sind. Umso wichtiger ist es für den Betroffenen, dass der Entscheider sich des *Provisoriums* bedient. So haben Entscheider unter komplexen Bedingungen und diejenigen, welche von Entscheidungen anderer abhängig sind, Gründe, sich für die Einführung des *Provisoriums* einzusetzen.

## Gestalter von Lehrinhalten für den Unterricht zwischen Grundschule und Gymnasium

Diejenigen, welche Wissen über Zusammenhänge und Regelmäßigkeiten des Kosmos als Lernstoff für den Schulunterricht zur Grundorientierung im Dasein zusammenstellen, können mit dem *Provisorium* eine größere Sicherheit des Urteils gewinnen, welche Inhalte als wesentlich in den Unterricht aufgenommen und welche weggelassen werden sollen. Deswegen könnte es für sie Sinn machen, daran mitzuwirken, das *Provisorium* für die Vermittlung im Unterricht zwischen Grundschule und Gymnasium, den verschiedenen Entwicklungsaltern und Ausbildungsansprüchen der Heranwachsenden angepasst, aufzubereiten.

Außerdem könnte ein Unterricht konzipiert und Heranwachsenden angeboten werden, der ihnen an Beispielen und mit Übungen zeigt, wie das *Provisorium* als Instrument zum Vorbereiten von Entscheidungen unter komplexen Bedingungen genutzt werden kann. Ein solcher Unterricht könnte auch vorbeugend dazu beitragen, dass seltener Menschen aus mangelnder eigener Verhaltenskompetenz in für sie existentiell wichtigen Angelegenheiten wie z. B. Aspekten der Gesundheit, des Umgangs mit anderen Menschen, in Belangen des Rechts oder des Haushaltens mit Geld scheitern, den entstandenen Schaden nachträglich bedauern, das Geschehene aber nicht mehr rückgängig machen können.

## Wissenschaftler auf der Suche nach grundlegenden Zusammenhängen und Regeln des Kosmos

Auf das Bekanntwerden von immer mehr Details über den Kosmos haben die betroffenen wissenschaftlichen Disziplinen oft mit ihrer Teilung in kleinere Spezialgebiete reagiert, damit die einzelnen Wissenschaftler ihr Gebiet noch möglichst gut beherrschen können. Setzt sich diese Praxis fort, wird es allerdings auch immer unwahrscheinlicher, dass weitere universell gültige Zusammenhänge und Regeln des Kosmos entdeckt werden. Dies bringt die diesbezügliche Forschung aber nicht ausweglos in die Nähe ihres Stillstandes. Denjenigen Wissenschaftlern, die auf der Basis des bereits Begriffenen noch Offenbarungen für möglich halten und sich der Suche danach annehmen möchten, eröffnet sich mit der Einführung der zweiten Forschungsstruktur eine Chance, die ihnen das

Arbeiten in der disziplinärwissenschaftlichen Struktur allein so nicht bieten kann. Sie können beginnen mit dem Fragen nach übereinstimmenden Merkmalen aller Körper und nach übereinstimmenden Merkmalen aller substantiellen Körper.

Einmal angenommen, Sie selbst sind Wissenschaftler und probieren das Antworten auf diese beiden Fragen aus. Ein Schreibgerät in der Hand, schauen Sie auf ein unbeschriebenes Blatt Papier. Vielleicht notieren Sie aus dem Gedächtnis ein paar Stichworte: Lichtgeschwindigkeit, Elementarteilchen … . Wenn Sie nicht weiter wissen, greifen Sie womöglich zu einem Kompendium aus den Natur- oder Sozialwissenschaften. Doch irgendwann stoßen Sie auf einen Widerstand. Es ist der Widerstand, den Aneinander-vorbei-Denken und Sprachbarrieren zwischen verschiedenen wissenschaftlichen Disziplinen Ihrem Bemühen entgegenstellen. Nun haben Sie entweder einen zähen Willen, den Widerstand zu brechen. Oder Sie geben auf, noch bevor Sie richtig in Fahrt gekommen sind. Oder Sie nehmen sich den Entwurf zur umgreifenden Betrachtung des Kosmos vor, den der Autor in *Das Einzigartige weg vom Einen* vorbereitet hat. Darin ist der Widerstand der disziplinär-wissenschaftlichen Barrieren bereits aufgelöst. Wenn Sie sich darauf einlassen, ihre eigenen Gedanken daran knüpfen und merken, dass Sie mit der Herangehensweise zurechtkommen, befinden Sie sich mitten in der zweiten Forschungsstruktur.

## Parlamentarier

Der Politiker Hermann Scheer kritisiert die Aufteilung von Zuständigkeiten für bestimmte Themen unter Abgeordneten in Parlamenten:

*»In der Politik hat die Spezialisierungskultur einen wesentlichen Beitrag dazu geleistet, dass Politiker systematisch das Politische verlernen. … Selbst offenkundige Grundsatzfragen – die Ausgestaltung und der Schutz von Grundrechten, die Verfassungsentwicklung, die Leitbilder der Sozial-, Umwelt- und Wirtschaftspolitik, die Entscheidung über Krieg und Frieden – sind zu Fachfragen geworden, als wären den dafür nicht ›Zuständigen‹ das entsprechende Bewertungs- und Urteilsvermögen abhanden gekommen. Sogar Grundwerte und Fragen der politischen Ethik sind heute Spezialgebiete! Auch das kann nur zum Verkümmern des Politischen führen.«* (23)

Für Abgeordnete einer politischen Partei in einem Parlament, die jeweils nur für einen kleinen Ausschnitt der insgesamt zu besprechenden politischen Themen zuständig sind und sich im Übrigen meist so positionieren, wie es ihnen die Abgeordneten mit anderen Themenschwerpunkten in der Partei empfehlen, bedeutet dies eine Beschränkung ihrer Möglichkeiten, Entscheidungsfindungsprozesse mitgestalten zu können. Für diejenigen unter ihnen, die damit unzufrieden sind, könnte es attraktiv sein, sich für die Einführung des *Provisoriums* einzusetzen. Denn damit eröffnet sich dem Staat eine Perspektive für mehr Subsidiarität und Subsidiarität in höherer Qualität. Soweit sich diese verwirklichen ließe, würden die politischen Entscheidungen, die von den Abgeordneten im Parlament zu treffen sind, weniger. Dies würde eine tendenzielle Arbeitsentlastung des einzelnen Abgeordneten bedeuten – einen Zeitgewinn, den er dafür nutzen könnte, sich selbst mit der übrig bleibenden Menge der im Parlament anstehenden Entscheidungen intensiver auseinanderzusetzen, und dem näherzukommen, was er von der Erwartung der Wähler/innen aus betrachtet eigentlich tun sollte: zu allen im Parlament anstehenden politischen Entscheidungen die möglichst sorgfältig begründete eigene Meinung einzubringen.

## Politische Parteien

Eine politische Partei, die der individuellen Eigenverantwortung und dem Subsidiaritätsprinzip eine große Bedeutung beimisst, kann sich nach der Einführung des *Provisoriums* entsprechenden Zielen auf anspruchsvollere Weise als zuvor widmen. Denn das *Provisorium* erleichtert es herauszufinden, welche Leistungen auf welcher sozialen Ebene – mit öffentlichen Mitteln oder privat – am effizientesten zu erbringen sind. Eine solche Partei hat eine kürzere Strecke der Veränderung als andere, weniger auf individuelle Eigenverantwortung setzende Parteien zurückzulegen, um von der Einführung des *Provisoriums* profitieren, sich davon eine größere Zustimmung bei Wahlen erhoffen zu können.

**Menschen, die angesichts vieler Staatsgrenzen überschreitender Einflüsse und mangelnder Möglichkeiten der einen Staat regierenden Personen, lenkend einzugreifen, Weltmacht für ihre Selbstbehauptung benötigen**

Wir leben in einer Welt, die sich durch eine Zunahme von Staatsgrenzen überschreitendem Verkehr, Handel und Arbeitsteilung auszeichnet. In allen diesbezüglichen Belangen sind die Beteiligten auf immer mehr internationale Vereinbarungen angewiesen und darauf, dass diese eingehalten werden. Immer wichtiger wird, wer in solchen Vereinbarungen seine Wertvorstellungen und Interessen in welchem Umfang durchsetzt.

Für Teilnehmer aller Staaten stellt sich die Frage: Mit welcher Art von Macht werden die in einem Staat organisierten Menschen künftig noch am ehesten ihre Meinungen und ihre Interessen gegenüber den Menschen der anderen Staaten zur Geltung bringen können?

Um sich in einer Welt mit viel Verkehr, Abhängigkeiten und Einflüssen, die vor keinen Staatsgrenzen Halt machen, zu behaupten, gibt es nichts Erfolg versprechenderes, als sich geistig und strukturell so aufzustellen, dass eigene Interessen zur Geltung gebracht und zugleich Interessen möglichst vieler Menschen aller Kulturkreise mit bedient werden können. Interesse können Menschen weltweit beispielsweise an der Verbesserung ihrer Lebensbedingungen und dabei besonders ihrer technologischen Möglichkeiten, an einem funktionierenden Rechtssystem mit Schutz des Privateigentums und anderer individueller Grundrechte, an der Gewährleistung der öffentlichen Sicherheit haben.

Worum geht es in der gegebenen Lage, wenn von künftiger Weltmacht die Rede ist?

Alan Greenspan:

»*... während so mächtige Nationen wie die USA und China um die wirtschaftliche Vormachtstellung in dieser neuen Welt konkurrieren, werden sich beide vermutlich einer noch mächtigeren Kraft beugen müssen: der voll entwickelten Globalisierung der Marktwirtschaft.*« (24)

Weltmacht bedeutet nicht, dass die Regierung eines Staates alle oder einen großen Teil der anderen Staaten mit Waffengewalt und anderen Druckmitteln dazu zwingen könnte, bestimmte Dinge zu tun. Derartiges kommt vor. Aber deswegen ist kein Staat eine Weltmacht.

Je abhängiger Menschen über Staatsgrenzen hinweg voneinander werden, je mehr in diesen Abhängigkeiten viele einander schaden können, umso größer wird das Interesse fast aller Beteiligten daran, dass der Staatsgrenzen überschreitende Umgang miteinander ungestört funktioniert. Alle Beteiligten – einzelne Menschen wie Unternehmen der Privatwirtschaft und Regierungen – brauchen Macht, die über die Grenzen des eigenen Staates hinausreicht. Sie brauchen Macht überall auf der Erde, wohin ihre Interessen reichen, um diese wahren und entwickeln zu können.

Inhalt dieser Weltmacht sind unter anderem all die Regeln, die vereinbart und eingehalten werden müssen, damit sich alle am weltweiten Verkehr von Menschen, Informationen und Gütern Beteiligten aufeinander verlassen können. Weltmacht ist all das, worauf Menschen sich über die Staatsgrenzen hinweg einigen und woran sie sich halten müssen, um Güter in weltweiter Arbeitsteilung herstellen und überall dorthin verkaufen zu können, wo die Güter nachgefragt werden. Dies bedeutet: Weltmacht gewährleistet Sicherheit für Mensch und Eigentum, freie Äußerung der individuellen Meinung, freie Religionsausübung, Versammlungsfreiheit – alles, was Menschen brauchen, um nicht davor zurückzuschrecken, eine über den eigenen Staat hinausgehende Abhängigkeit aufrechtzuerhalten oder neu einzugehen, von der beide Seiten profitieren könnten.

Das, worauf es ankommt, ist die Geisteshaltung der vielen einzelnen Menschen, das, womit sie aus ihren jeweiligen Perspektiven zufrieden oder unzufrieden sind. Diese Menschen folgen kaum der Forderung eines ausländischen Politikers, ihre Geisteshaltung der seinigen anzupassen. Um eine Veränderung der Geisteshaltung in Gang zu setzen, müssen Menschen hauptsächlich aus eigenem Wollen über die Grenzen der Staaten hinweg auf den verschiedenen Ebenen des individuellen und gesellschaftlichen Lebens miteinander in Berührung kommen. Dazu können Informations- und Kommunikationsmittel wie Fernsehen, Telefon und Internet nützlich sein. Die Menschen übernehmen dann das voneinander, was ihren jeweiligen Identitäten und Wünschen entgegenkommt.

Kein Staat auf der Erde kann unter den gegebenen Bedingungen der in vielen Hinsichten zunehmenden weltweiten Verflechtungen mehr erreichen als Teilhabe an der Weltmacht, an der Gestaltung überstaatlicher Strukturen und an Vereinbarungen von Regeln für das Staatsgrenzen überschreitende Existieren neben- und miteinander.

Wie kann ein Staat sich unter den gegebenen Bedingungen so positionieren, dass ihm möglichst viel von den Merkmalen seiner Identität, die seinen Teilnehmern wichtig sind, erhalten bleibt? In einer globalisierten Welt ist die eigene Wertegemeinschaft am ehesten dann für lange Zeit aufrechtzuhalten, wenn sie so weit mit anderen Wertegemeinschaften vereinbar ist, dass sie bei keinem Zusammenprall zugrunde geht. Die eigene Weltsicht und Lebenseinstellung müssen so ausgerichtet sein, dass kein Unterliegen im Wettbewerb, keine Niederlage im Streit um knappe Güter ihr Scheitern bedeutet. Das heißt: Es geht um eine Lebenseinstellung und eine Sicht der Welt, mit denen sich auch möglichst viele Menschen über den Staat hinaus identifizieren können. Diese Geisteshaltung darf nicht nur bei relativ hohem materiellem Lebensstandard funktionieren und muss den Bedingungen der biologischen Organisation des Menschen entsprechen. Damit stellen die an dem Staat Teilnehmenden am ehesten sicher, dass auch dann noch das, was sie angeht, sich in ihrem Sinne entwickelt, wenn ausländische Kollektive und Staaten wesentlich einflussreicher werden.

Je beständiger und intensiver Teilnehmer verschiedener Staaten aus eigenem Antrieb miteinander zu tun haben, umso eher kann der viele Kontakt zu Annäherungen von Geisteshaltungen führen. Steht ein Staat, dessen Mitglieder sich in vielen Verbindungen zu Angehörigen anderer Staaten befinden, mit bestimmten Geisteshaltungen und Merkmalen seiner sozialen Strukturen wie eine einsame Insel da, so ist zunächst offen, ob der Staat mit Inselcharakter oder die anderen Staaten mehr von ihren Ansichten, Wertvorstellungen und Strukturen aufgeben. Doch die Wahrscheinlichkeit ist hoch, dass in einer solchen Entwicklung derjenige Staat, der aufgrund bestimmter sozialer Strukturen und Geisteshaltungen seiner Menschen hinsichtlich begehrter Ziele die meisten Erfolge vorweist, zugleich den anderen Staaten einen gangbaren Weg zeigen kann, mit ähnlichen Geisteshaltungen und Strukturen ebenfalls erfolgreich sein zu können und davon selbst noch profitiert, die kleinsten Zugeständnisse machen muss. Denn dann entschließen sich am ehesten Menschen aus mehr Staaten dazu, dem Beispiel zu folgen und sich, landesspezifischen Besonderheiten Rechnung tragend, in dem einen oder anderen Merkmal ähnlich zu entwickeln. Je mehr Regierungen im Ausland dem Beispiel folgen wollen, umso tendenziell leichter hat es die Regierung des Staates mit den begehrten Eigenschaften, zumindest in all den internationalen Vereinbarungen, in denen es nicht um die Verteilung knapper, für alle

Menschen lebenswichtiger Güter, wie z. B. Trinkwasser, geht, das von ihr für wichtig Gehaltene zur Geltung zu bringen; umso weniger Anlass hat die Bevölkerung – soweit ihre einzelnen Menschen eine Übereinstimmung der Außenpolitik der Regierung mit ihren eigenen Interessen erkennen – sich von Einflüssen des Auslands bedroht zu fühlen.

Staaten, die sich durch ein funktionierendes Rechtssystem und eine relativ konsequente Beachtung individueller Grundrechte, sowohl durch Marktwirtschaft als auch durch rechtsverbindliche Transferzahlungen zugunsten ihrer sonst existenzgefährdeten Zugehörigen auszeichnen, aber an einer mangelhaft entwickelten Subsidiarität zu scheitern drohen, können mit dem *Provisorium* etwas dafür tun, die Subsidiarität auf das für die dauerhafte Sicherung des Erreichten notwendige hohe Niveau zu bringen. Weil diese Staaten sich nicht so sehr um den Aufbau mehrerer Komponenten gleichzeitig bemühen müssen, sondern ihre Aufmerksamkeit mehr auf die Überwindung einer einzigen Schwäche, des Mangels an Subsidiarität konzentrieren können, bringen sie im Vergleich zu anderen die besseren Voraussetzungen mit, um einen direkten Zusammenhang zwischen der Einführung des *Provisoriums* und einer anschließend günstigen Entwicklung erkennen zu können. Andere Staaten müssen vielseitigere Anstrengungen unternehmen, bis sie die Nutzungsmöglichkeiten des *Provisoriums* in entsprechendem Maße ausschöpfen können. Der wichtigste Anreiz, sich darauf einzulassen, ist die Chance auf eine ökonomisch bessere Positionierung in einer Staatenwelt, die weit offen für grenzüberschreitende Einflüsse ist.

# Was der Verzicht auf das *Provisorium* für die Staaten bedeuten würde

Von allen Staaten der Erde aus beobachten Menschen, wie sich andere Staaten organisieren und was die Ergebnisse sind, um daraus Lehren zu ziehen, etwas ähnlich oder anders zu machen. Diesbezüglich besondere Aufmerksamkeit finden Staaten, die wissenschaftsbasiert anwendungstechnisch verhältnismäßig weit fortgeschritten sind, deren Bevölkerungen über einen relativ hohen und zugleich breit verteilten materiellen Wohlstand verfügen, die einen bedeutenden Beitrag zur Weltwirtschaft leisten und auch militärisch herausragen. In der Kombination erfüllt nicht jeder Staat des Westens diese Merkmale im gleichen Maße. Wohl aber treffen die Merkmale auf den Westen insgesamt und einstweilen mehr zu, als auf irgendeinen Staat oder irgendeine als Einheit verstehbare Staatengruppe außerhalb des Westens. Weder den Teilnehmern eines westlichen Staates noch Teilnehmern anderer Staaten kann es gleichgültig sein, wie der Westen sich weiterentwickelt. Deshalb und weil die Staaten des Westens bereits relativ viele Voraussetzungen erfüllen, um das *Provisorium* für sich nutzen zu können, ist in den folgenden Überlegungen besonders viel vom Westen die Rede.

Gewiss taugt nicht alles zum Vorbild, was aus dem Westen kommt. Menschen, die nicht dazugehören, können viele Gründe finden, mit dem Westen assoziierte Geisteshaltungen und gesellschaftliche Strukturen für nicht attraktiv genug zu halten, um Ähnliches bei sich einzuführen. Wenn Prediger aus einem Staat des Westens weltweit Menschen für die Idee der individuellen Freiheit zu begeistern versuchen und in dem Staat, der zur Nachahmung empfohlen wird, Menschen durch Vorschriften und Besteuerung so sehr eingeschränkt werden, dass den meisten von ihnen nicht viel Freiheit zu eigenverantwortlichem Handeln übrig bleibt, oder wenn in dem zur Nachahmung empfohlenen Staat das, was unter Freiheit verstanden wird, für einen beträchtlichen Teil der Bevölkerung mehr existentielle Unsicherheit als Perspektiven, die Freiheit für sich nutzen zu können, bedeutet, dann ist es schon verständlich, wenn das

Gezeigte nicht überall für nachahmenswert gehalten wird. Es überzeugt Menschen außerhalb des Westens kaum, ihre Geisteshaltungen und Strukturen des Zusammenlebens einem Staat des Westens anzunähern, wenn dieser durch die Erfüllung von Ansprüchen, die Individuen und Gruppen an ihn stellen, immer höhere öffentliche Schulden anhäuft, die schließlich nicht mehr ohne Geldentwertung und damit verbundene unkalkulierbare soziale Spannungen abgebaut werden können.

Die Regierung eines westlichen Staates diskreditiert sich, wenn sie bei sich zu Hause rechtsstaatliche Prinzipien beachtet und zugleich meint, sich im Verkehr mit ausländischen Staaten und Völkern nur an das geltende Recht halten zu müssen, wenn dies momentan vorteilhaft erscheint. Es schadet der äußeren Glaubwürdigkeit eines westlichen Staates auch, wenn seine Regierung im eigenen Land ein Regelwerk der Teilung von Einflüssen und Rechtsstaatlichkeit bevorzugt, im Ausland jedoch Regierungen und Machtapparate, die sich nur durch Rechtswillkür an der Macht halten können, beim Unterdrücken politischer Opposition unterstützt. Wie auch immer im Einzelfall die westliche Regierung ihre Befürchtung begründet, dass eine ausländische Regierung, die aus fairen demokratischen Wahlen mit Chancen für Parteien unterschiedlicher politischer Ziele hervorgehen würde, das Durchsetzen der eigenen Interessen schwieriger machen könnte: Die Regierung des westlichen Staates tritt im Ausland für etwas ein, das sie im Inland ablehnt. Sie signalisiert, dass sie hinsichtlich ihrer Prinzipien nicht allzu ernst zu nehmen ist. Sie büßt tendenziell an Überzeugungskraft ein, eigene Wünsche international durchsetzen zu können.

Wenn von einem Staat des Westens aus Rüstungsgüter an einen ausländischen Diktator verkauft werden, die dieser im Bedarfsfall gegen die eigene Bevölkerung einsetzen kann, dann steigert dies zwar zunächst einmal das Exportgeschäft. Aber es ist nicht zu Ende gedacht. Angenommen, der Diktator geht tatsächlich mit den eingekauften Waffen gegen sein eigenes Volk vor, und es baut sich als Reaktion darauf ein Druck der öffentlichen Meinung in dem Staat des Westens auf, den vom Diktator bedrängten Menschen zu Hilfe zu eilen. Dann ist schnell das Ziel formuliert: Der Diktator muss weg; der Demokratie soll zum Durchbruch verholfen werden. Einmal angenommen, daraufhin schickt die Regierung des westlichen Staates Streitkräfte los, um den Diktator zu stürzen und durch eine demokratisch zu wählende Regierung zu ersetzen. Nun passiert Folgendes: Entweder unterstützen so wenige seiner Landsleute den Diktator, dass ihm auch ohne den Militäreinsatz in absehbarer Zeit die Macht entgleitet. Oder der Diktator hat über das Land verteilt Anhänger, die davon profitieren, dass er regiert, und die sich deshalb gegen seinen Sturz wehren. Dann sind die Streitkräfte des westlichen Staates nicht bloß mit dem Diktator sondern einer größeren Zahl von Menschen als Gegnern konfrontiert. Dann ist es nur noch ein kleiner Schritt bis zu einem Bürgerkrieg, in dem die Streitkräfte des westlichen Staates gegen die Anhänger des Diktators mitkämpfen. Angenommen, der Diktator und seine Mitstreiter verlieren die Macht. Hat die westliche Regierung damit irgendetwas erreicht, woraus die eigene Bevölkerung schließen könnte, dass sich der Militäreinsatz für sie gelohnt hat? Hat sich die äußere Sicherheit für den westlichen Staat erhöht? Kaum. Eher ist es so, dass einige von denjenigen, welche mit dem Sturz des Diktators einen Schaden erlitten haben, nun dem westlichen Staat, der Streitkräfte geschickt hat, gegenüber feindlich eingestellt sind, was sie vor dem Militäreinsatz nicht waren. Trägt der Militäreinsatz dazu bei, dass es in der ehemaligen Diktatur zu fairen demokratischen Wahlen kommt? Dazu kann die westliche Regierung nur wenig mehr als technische Unterstützung bei der Durchführung eines Wahlvorgangs beitragen. Die für einen nachhaltigen Wandel maßgeblichen Veränderungen in Geisteshaltungen und Strukturen des Zusammenlebens der Bevölkerung entziehen sich weitgehend dem Einfluss der westlichen Regierung. Als ehemalige Partei im Bürgerkrieg verfügt sie kaum über die Autorität, als Vermittlerin von allen Bürgerkriegsparteien anerkannt zu werden oder das Land in eine bestimmte politische Richtung zu lenken. Wie ist die finanzielle Bilanz? Je länger der Einsatz der westlichen Streitkräfte dauert, je aufwendiger er geführt wird, je mehr Opfer zu beklagen sind und je weniger die Wirtschaftsbeziehungen zu dem Land durch den Militäreinsatz gefördert werden, umso wahrscheinlicher sind die Kosten des Einsatzes für die Bevölkerung des westlichen Staates höher als alle direkten wie indirekten Steuereinnahmen aus den zuvor an den Diktator gelieferten Rüstungsgütern sowie der Wert der damit vorübergehend verbunden gewesenen Sicherung von Arbeitsplätzen in der Rüstungsindustrie.

Wenn ein Staat des Westens einen Staat außerhalb des Westens militärisch angreift, eine Spur der Verwüstung hinterlässt und nicht einmal für sich selbst einen erkennbaren Nutzen aus dem Krieg zieht, dann ist der westliche Staat weniger Leitbild für andere Staaten, als wenn er auf den Militäreinsatz verzichtet hätte.

Es ist nicht auszuschließen, dass die Bedeutung von Staaten, die nicht zum Westen zählen, für die Weltwirtschaft weiter zunimmt. Diese Staaten sind militärisch noch nicht so hochgerüstet. Doch könnten einige von ihnen, besonders solche, die in ihren Regionen ökonomisch, hinsichtlich ihrer Landfläche oder ihrer Bevölkerungszahl herausragen, ein Interesse daran entwickeln, militärtechnisch zu den höher entwickelten Staaten aufzuschließen. Besteht ein solcher Wunsch, dann erreichen die zur Aufrüstung Willigen ihr Ziel schneller, wenn sie von Unternehmen der Rüstungsindustrie technisch weiter fortgeschrittener Staaten Militärgerät zukaufen. Dies wiederum könnte die militärischen Aufsteiger auf die Idee bringen, die erworbenen Waffen auch einzusetzen, sodass die nicht zu Ende gedachten Militäreinsätze zunehmen. Die Denkweisen dahinter stammen aus einer Welt klarer Frontlinien, die mit territorialen Grenzen übereinstimmen oder von Gebietsansprüchen einer Seite, die man auf Landkarten einzeichnen kann. Doch in einer Welt mit immer mehr Verflechtungen, die territoriale Grenzen überschreiten, kann man sich bei der Beantwortung der Frage, ob zum Erreichen eines bestimmten Zieles Streitkräfte beitragen können, immer weniger bloß an so einfach erkennbaren Frontlinien und Gebietsansprüchen orientieren. Bei dem, was die Regierungen in ihrem militärischen Kräftemessen zerstören, wissen sie allzu oft nicht mehr, ob sie etwas vom Gegner oder von sich selbst ruinieren, ob etwas verloren geht, dessen Erhalt im beiderseitigen Interesse gelegen hätte. Es kommt leicht zu einem Flächenbrand der Zerstörung, den niemand mehr durchschaut, der fast alle Habe mit sich reißt, von der Personen einer Kriegspartei annehmen, dass der Verlust den Gegner schmerzen könnte. Unter den veränderten Bedingungen gehen alle rivalisierenden Mächte mit den alten Denkweisen der Kriegsführung aus einem Ringen um Dominanz geschwächt hervor. Dass alle gleichermaßen in Zerstörung, Rechtlosigkeit und Chaos versinken, ist ein schwacher Trost für Staaten des Westens. Aber was wäre die Alternative?

Unter den Staaten des Westens sind besonders viele, die bei sich zu Hause der Kombination aus Grundrechten des Individuums, Marktwirtschaft und rechtlich abgesicherten Transferzahlungen zugunsten sonst existenzgefährdeter Zugehöriger einen hohen Stellenwert einräumen. Eigentlich sind sie prädestiniert dazu, dieser Einstellung genauso konsequent in ihren Beziehungen zum Ausland zu folgen. Weil es sich dabei um eine anspruchsvolle Aufgabe handelt, die bei alleiniger Verfügbarkeit disziplinärwissenschaftlich begründeter und arbeitsteilig eingeschränkter Denkweisen schwer zu erfüllen ist, läge es für Staaten des Westens nahe, bei der Einführung des *Provisoriums* ganz vorne mit dabei zu sein und sich dieses hinsichtlich der Optimierung von Entscheidungen unter komplexen Bedingungen innerhalb ihrer territorialen Grenzen wie nach außen nutzbar zu machen.

Verzichten Staaten des Westens auf die Nutzung des *Provisoriums*, dann spricht zunächst einmal einiges dafür, dass auf unabsehbare Zeit auch die anderen Staaten sich davon fernhalten werden. Denn diese müssen großenteils mehr an sich korrigieren, bis sie die Möglichkeiten, die das *Provisorium* für eine gedeihliche Entwicklung des Gemeinwesens bietet, ausschöpfen können. Was wäre so schlimm an dem Verzicht?

Einmal angenommen, andere Staaten oder Staatengruppen versuchen aus eigener Entscheidung, den Westen in wissenschaftsbasiert technischen Anwendungen und in der Breite der Verteilung materiellen Wohlstands einzuholen, vielleicht irgendwann sogar zu überholen. Dann werden die Lebensverhältnisse auf der Erde hinsichtlich Arbeitsteilung, Durchdringung des Alltags mit technischen Anwendungen, Handel, Verkehr, Kommunikation, zu verarbeitenden Mengen von Informationen und Wissen noch erheblich komplexer sein als zur Zeit der Niederschrift dieser Zeilen. Damit einhergehend wird es deutlich mehr Menschen geben, die in verschiedenen Bereichen und Aspekten des Daseins folgenschwere Entscheidungen treffen. Und diese Menschen werden beschränkt auf disziplinärwissenschaftliche Denkweisen, beschränkt auf ein Denken im Rahmen der ihnen jeweils zugestandenen Kompetenzen als Glieder einer arbeitsteiligen Expertenwelt ihre Entscheidungen treffen. Das bedeutet: Die Anforderungen an eine größer werdende Zahl von Menschen, in Entscheidungen alle im Sinne ihrer Vorhaben relevanten Aspekte zu berücksichtigen, werden zunehmen. Aber die entsprechenden Fähigkeiten der einzelnen Menschen wachsen ohne die Nutzung des *Provisoriums* nicht entsprechend mit. Dann muss befürchtet werden, dass es zu mehr Fehlentscheidungen im Sinne dessen, was man sich vornimmt, kommen wird. Bei zu erwartenden, noch ausgeprägteren weltweiten Interdependenzen zwischen Aktivitäten von Menschen ist davon auszugehen, dass in diesem Zusammenhang entstehende Schäden, die ihrer Art nach zur Ausbreitung neigen, wenn sie von keinen »Brandmauern« aufgehalten werden, größere Ausmaße annehmen können.

Unter diesen Prämissen stellt das *Provisorium* aus staatlicher wie individueller Perspektive ein Instrument der weltweiten Absicherung des

Daseins von Menschen dar, dessen Anwendung durch nichts adäquat substituiert werden kann. Wer hingegen argumentiert, er interessiere sich nur für sein Wohlergehen und das seiner irgendwie definierten Gruppe, ihm sei das Schicksal aller anderen und der Schaden, den diese durch sein Verhalten erleiden, gleichgültig, deshalb brauche er auch das *Provisorium* nicht zur Vorbereitung seiner Entscheidungen für bestimmtes Handeln, dessen Kalkulation geht bei weltweit zunehmendem aufeinander Angewiesensein von Menschen nicht auf. Er selbst, seine Gruppe, sein Staat müssten dafür einen immer höheren Preis in Form von Beeinträchtigungen existentieller Möglichkeiten zahlen.

# Anhang

**Bezug zu Seite 20ff.**: Begrenzte geistige Kapazität und Zuwachs des Wissens über unsere Welt – immer kleinere Expertenbereiche und Verlust an Aufmerksamkeit für größere Zusammenhänge – Unberücksichtigt-Lassen relevanter Aspekte bei Entscheidungen unter komplexen Bedingungen und Verfehlen der Intentionen

## (2) Amputationen bei Diabetikern

Wolfram Wenz von der Orthopädischen Universitätsklinik Heidelberg weist im Jahr 2008 auf die seiner Meinung nach zu hohe Zahl von Amputationen bei Diabetikern in Deutschland hin:

»*Ca. 36 Prozent der Diabetiker sterben ein Jahr nach der Amputation, rund die Hälfte innerhalb von drei Jahren und ca. 66 Prozent innerhalb von fünf Jahren. Bei 50 Prozent der Beinamputierten musste innerhalb der nächsten vier Jahre auch am anderen Bein amputiert werden. Außerdem landen nach Oberschenkelamputationen 50 Prozent dieser Patienten in einem Pflegeheim, bei Unterschenkel-Amputierten sind danach 30 Prozent nicht mehr gehfähig. Von einer Verbesserung oder Erleichterung der Situation dieser Patienten könne man vor diesem Hintergrund also guten Gewissens nicht sprechen. Deshalb müsse man weniger amputieren. ...*

*Seiner Meinung nach ist die Anzahl von jährlich 62 000 Amputationen in Deutschland, sowohl absolut als auch im Vergleich mit anderen Ländern, viel zu hoch.*

*Hauptverantwortlich für die hohe Amputationsrate ist der Diabetes mellitus, und das mit steigender Tendenz: Im Jahr 2001 wurden in Deutschland 29 000 Diabetiker amputiert, 2003 waren es bereits 40 000. Dr. Wenz: ›Das bedeutet, dass alle 13 Minuten ein Diabetiker amputiert wird. 50 Prozent dieser Amputationen halte ich für vermeidbar!‹ ...*

*In Deutschland herrscht Dr. Wenz zufolge ›aus reiner Unkenntnis‹ vielfach die Meinung vor, dass mit einer Amputation auch die Kosten, die ja im Gesundheitswesen eine entscheidende Rolle spielen, minimiert würden. Das jedoch sei ein grundlegender Irrtum.*«

Angenommen, die Darstellung trifft zu, dann wurden im Beobachtungszeitraum in Deutschland aus ärztlicher Unkenntnis sehr viel mehr Diabetiker am Bein amputiert als medizinisch unvermeidbar gewesen wäre. Dies würde bedeuten, dass teilweise allzu enge Betrachtungsweisen der für die Amputationen verantwortlichen Ärzte dazu führten, die positiven Effekte der Amputation deutlich zu überschätzen und die Folgeleiden für die betroffenen Patienten sowie die Folgekosten zu unterschätzen.

### (3) Wie Entwickler von Bankprodukten, Anlageberater und Geldanleger sich mitunter aufeinander verlassen

Der Bankexperte Herbert Walter beschreibt, wie eine Bank Produkte der Geldanlage für den Verkauf vorbereitet:

*»Eine zentrale Einheit des Vertriebs prüft sehr genau die Produkte, die in den Verkauf kommen. Wie im Einzelhandel werden dann von der Zentrale bestimmte Produkte gelistet, die der Berater vor Ort verkaufen soll. Er bekommt dafür eine Seite mit den wichtigsten Bullet-Points und Informationsmaterial für das Verkaufsgespräch. Darauf muss er sich dann verlassen. ...*

*Ein Berater kann schon mal bis zu 50 E-Mails am Tag bekommen mit zum Teil enormen Datenmengen. Wenn ein neues Zertifikat auf den Markt kommt, sagen wir mit einem 50, 60 Seiten langen Prospekt, liest der eine oder andere Berater das vielleicht am Abend durch. Grundsätzlich muss sich der Berater aber auf die Bullet-Points und die Unterlagen verlassen können, die ihm die Kollegen aus der Zentrale zusammengeschrieben haben.«*

Wenn die Bank mit Beschwerden konfrontiert wird, einer ihrer Verkäufer habe bei der Empfehlung eines Anlageproduktes Geldanleger nicht ausreichend informiert und deswegen sei ihnen ein für sie ungeeignetes Anlageprodukt verkauft worden, kann der Verkäufer sich damit rechtfertigen, aus Zeitmangel habe er nur die Bullet-Points zu dem Produkt lesen können. Auf deren Inhalt habe er die Anleger hingewiesen. Von den zusätzlichen Risiken der besonderen Geldanlage, die im ausführlicheren Prospekt erwähnt wurden, hätte er nichts gewusst. Er habe den Geldanlegern nur das mitteilen können, was er selbst wusste. So kann dem Verkäufer nicht nachgewiesen werden, die Geldanleger absichtlich getäuscht zu haben. Die Gestalter des Produktes können darauf verweisen, im ausführlichen Prospekt auf alle Risiken der Anlage hingewiesen zu haben. Keiner von ihnen habe daran gedacht, dass das Produkt einmal an die falschen Anleger geraten könne. Die Anleger wiederum können sich als Laien betrachten, die sich auf die Erläuterungen des Verkäufers verlassen haben, weil sie ihn für einen kompetenten Fachmann hielten. Sich selbst mit dem ausführlichen Prospekt zu befassen, sei ihnen nicht in den Sinn gekommen. Denn diesen zu verstehen, setze Fachkenntnisse voraus, über die sie ihrer Selbsteinschätzung nach nicht verfügten. So haben die Bank und ihr Verkäufer eine Zeit lang Produkte der Geldanlage an ihre Kunden verkauft, die für diese ungeeignet waren. Bis zum Erwachen der Anleger gab es möglicherweise niemanden, der wusste, dass die besondere Geldanlage für sie ungeeignet war.

**Bezug zu Seite 22f.**: Spezialisten, die zu spät an gefährlichem Tun gehindert werden

(4) **Zu wenige Lebensmittelkontrolleure**

Carsten Dierig berichtet anlässlich eines Futtermittelskandals am 8.1.2011 in Welt online von einem Mangel an Lebensmittelkontrolleuren:

»Die Forderung nach mehr Kontrollen für Lebensmittel und Tierfutter ist infolge des aktuellen Dioxin-Skandals weit verbreitet. Politiker, Verbraucherschützer und selbst der Bundesverband der Lebensmittelkontrolleure (BVLK) mahnen an, die Zahl der Proben und Prüfer schon zeitnah deutlich auszubauen. … ›Die Behörden werden dafür aber nicht die notwendigen Leute finden‹, prognostiziert der BVLK-Bundesvorsitzende Martin Müller im Gespräch mit der ›Welt‹. …
›Das Gehalt ist schlichtweg nicht interessant‹ sagt Müller. …
Derzeit sind bundesweit rund 2500 Kontrolleure für 1,1 Mio. Betriebe zuständig, rechnet der BVLK vor. In manchen Regionen wie zum Beispiel Baden-Württemberg gibt es laut einer Statistik des Verbraucherzentrale Bundesverbands sogar nur einen Mitarbeiter für 1000 Firmen. ›Dadurch können wir nicht den spürbaren Überwachungsdruck auf die Branche ausüben, der notwendig wäre‹, beschreibt Verbandschef Müller, demzufolge bundesweit rund 1500 Kontrolleure fehlen. Durch diesen Personalmangel könne derzeit nicht mal jedes zweite Unternehmen in Deutschland innerhalb eines Jahres überprüft werden.«

Angenommen, man würde durch das Angebot eines attraktiveren Gehaltes mehr qualifizierte Personen für die Tätigkeit eines Kontrolleurs gewinnen, sodass einer von ihnen nicht mehr für bis zu 1000 sondern bloß noch für 100 Firmen zuständig wäre. Dann gäbe es immer noch ein Risiko, dass verunreinigte Lebensmittel in den Handel gelangen, bevor ein Kontrolleur einschreitet und den Verkauf der für den Verzehr ungeeigneten Produkte unterbindet. Denn wer Lebensmitteln absichtlich dioxinhaltige Stoffe beimischen möchte oder von solchen Beimischungen in Lebensmitteln weiß und diese trotzdem an seine Kunden verkaufen will, der kann mit einer hohen Wahrscheinlichkeit nach dem gerade ohne Beanstandung erfolgten Besuch des Kontrolleurs davon ausgehen, dass dieser ihn erst einmal ohne weitere Prüfung seinen Geschäften nachgehen lässt, sich stattdessen mit den 99 anderen Betrieben beschäftigt.

Dieser Teil des Risikos der Verunreinigung von Lebensmitteln mit Dioxin, dem mit mehr Kontrolle durch eine Aufsichtsbehörde schwer beizukommen ist, kann zusätzlich in wesentlichem Maße nur in den Köpfen derer reduziert werden, die selbst die Hauptquelle des Risikoteils sind. Der gedankliche Weg von ihren Überlegungen, wie sie sich zur Qualität der Lebensmittel einstellen, zu Überlegungen, was für ein persönliches Risiko sie eingehen, wenn sie zur Herstellung oder zum Handel von Lebensmitteln mit gesundheitsgefährdender Qualität beitragen, müsste ihnen nähergelegt werden.

## (5) Zur Explosion der Ölbohrinsel ›Deepwater Horizon‹

Zu einem Abschlussbericht über den Hergang der Explosion der Bohrinsel »Deepwater Horizon« im Golf von Mexiko schreibt NZZ online:

»*Aus Zeit- und Geldgründen getroffene riskante Entscheidungen waren nach Erkenntnissen einer Regierungskommission in den USA die Ursache für die verheerende Ölkatastrophe im Golf von Mexiko. …*

*Die Explosion der Bohrinsel ›Deepwater Horizon‹ am 20. April 2009 sei ›das Ergebnis verschiedener individueller Fehltritte und Versehen …‹, heißt es im Abschlussbericht der von Präsident Obama eingesetzten Kommission. …*

*Viele der von den beteiligten Unternehmen getroffenen Entscheidungen hätten, ›ob beabsichtigt oder nicht‹, den Firmen bedeutende Zeit- und Kostenvorteile verschafft, heißt es darin. …*

*Die Behörden wiederum seien aufgrund fehlender Autorität sowie wegen des Fehlens der nötigen Mittel und der technischen Expertise nicht in der Lage gewesen, die Katastrophe zu verhindern. Der Ko-Vorsitzende der Kommission, Floridas Ex-Senator Bob Graham sagte, die Untersuchung habe gezeigt, dass die Katastrophe vermeidbar gewesen wäre.*«

Demnach wurden Sicherheitsvorkehrungen hintangestellt, sei es versehentlich oder weil man sich daraus Zeit- und Kostenvorteile erhoffte. Doch die anschließende Explosion der Bohrinsel und Folgeschäden, für die das oder die verantwortlichen Unternehmen Kompensationszahlungen leisten müssen, führten zu einem schlechteren betriebswirtschaftlichen Ergebnis, als wenn man der Sicherheit auf der Bohrinsel die zum menschenmöglich störungsfreien Betrieb nötige Aufmerksamkeit entgegengebracht hätte. Behörden vermochten es nicht, die Schadensentwicklung zu unterbinden. Andere gesetzliche Regelungen hätten ihnen zwar die Autorität zum Eingreifen verleihen können. Vorstellbar ist auch, dass den Behörden – etwas andere Prioritäten öffentlicher Ausgaben vorausgesetzt – mehr finanzielle Mittel für Kontrollen zur Verfügung gestanden hätten. Schwieriger wäre es gewesen, in ausreichender Zahl qualifizierte Kontrolleure für diese Tätigkeit zu finden. Vermutlich wäre ein Kontrolleur mit der Überwachung nicht nur einer sondern einer größeren Zahl von Ölplattformen betraut worden. Gegebenenfalls hätte er womöglich Erfahrungen und Einsichten, die er auf der einen Bohrinsel gesammelt haben würde, hie und da in die Prüfung anderer Bohrinseln einfließen lassen oder den Betriebsleitungen als Anregungen weitergeben können. Aber er hätte nur hin und wieder die eine Bohrinsel besuchen und mit den Abläufen und Risiken dort nicht so vertraut sein können wie ein Experte, der ständig mit den Besonderheiten der Anlage zu tun hatte. Vielmehr hätten die Experten selbst, die ständig auf der Bohrinsel tätig waren und gegebenenfalls ihre Vorgesetzten, deren Anweisungen sie ausführten, über einen bequemeren und gewohnheitsmäßig genutzten Zugang zum Zusammendenken dessen, was sie sich als Produktionsziel vornahmen, mit allen, für den Erfolg maßgeblichen Voraussetzungen, Randbedingungen und Nebenwirkungen verfügen müssen. Dann hätten sie eher von sich aus, ohne den Druck einer Aufsichtsbehörde, die für den erfolgreichen Betrieb wichtigen Sicherheitsvorkehrungen eingehalten. Was wäre ihr Motiv gewesen, sich so zu verhalten? In erster Linie wohl kaum das Bemühen, einer Aufsichtsbehörde Kosten ersparen zu wollen, sondern persönlicher und unternehmerischer Egoismus.

(6) **Alan Greenspan zur Überwachung des Geschehens auf Finanzmärkten**

Alan Greenspan:

*»Diese Märkte sind für die Überwachungs- und Regulierungsmethoden des 20. Jahrhunderts zu groß, zu komplex und zu schnell geworden. Kein Wunder, dass sogar die versiertesten Marktteilnehmer Probleme haben, diesen globalen Finanzgiganten zu verstehen. Finanzregulatoren müssen ein System kontrollieren, das weit komplexer ist als zu dem Zeitpunkt, als die heute noch gültigen Regeln zu Papier gebracht wurden. Kontrolle findet heute vor allem durch die gegenseitige Beobachtung der Marktteilnehmer statt.... Regulatoren können nach wie vor so tun, als behielten sie den Überblick, doch ihre Fähigkeiten haben sich beträchtlich verringert.*

*Mehr als 18 Jahre lang stand ich mit meinen Vorstandskollegen der Notenbank diesem Regulierungsprozess vor. Nur mit Verspätung wurde uns klar, dass der Einfluss von behördlichen Eingriffen langsam schwand.«*

Greenspan geht davon aus, dass sogar die versiertesten Marktteilnehmer den globalen Finanzgiganten nur unzulänglich verstehen. Aber auch den Regulatoren mangelt es seiner Ansicht nach an hinreichendem Überblick, um den Giganten kontrollieren zu können. Andererseits stellt er fest, dass die Marktteilnehmer sich gegenseitig kontrollieren, indem sie sich gegenseitig beobachten. Doch wie soll das funktionieren? Ihr Handeln in dem Giganten ist vielen Einflüssen ausgesetzt. Sie haben Probleme damit, den Giganten zu verstehen. Sie wissen nicht genau genug, wo sie beim Einander-Beobachten hinschauen müssen, um die Qualität einer wirksamen gegenseitigen Kontrolle zu erreichen. Offensichtlich fehlt ihnen etwas, das es ihnen erleichtern würde, die Komplexität der Situationen, in die sie hineingeraten, im Sinne ihrer Interessen zu begreifen.

(7) Alan Greenspan:

> *»Ich weiß nicht, welchen Nutzen zusätzliche Regierungsverordnungen in der heutigen Welt haben sollten. Die Erhebung von Bilanzdaten von Hedgefonds wäre beispielsweise sinnlos, da diese Daten schon veraltet sind, ehe die Tinte trocken ist. Sollten wir ein globales Berichtswesen über Hedgefonds und private Investmentfonds schaffen, um zu sehen, ob irgendwo gefährliche Konzentrationen entstehen, die auf eine potentielle Finanzimplosion hinweisen? Ich habe mich fast sechzig Jahre lang mit Finanzmarktberichten beschäftigt und wäre nicht in der Lage, anhand eines solchen Berichts zu beurteilen, ob die Konzentration von Positionen darauf hindeutet, dass ein Markt selbst ein Ungleichgewicht beseitigt oder dass da ein gefährlicher Handel im Gang ist. Es würde mich überraschen, wenn das* irgendjemand *könnte.«*

Greenspan wäre überrascht, wenn irgendjemand aus einem Finanzmarktbericht schließen könnte, ob auf einem Markt ein »gefährlicher Handel« im Gang ist. Doch dies wäre die Voraussetzung, um gezielt einen gefährlichen Handel einzudämmen oder zu unterbinden. Wenn die Kontrolleure überfordert sind, dann bleibt nur noch übrig, dass die einzelnen Marktteilnehmer sich aus freiwilliger Entscheidung erst gar nicht auf einen gefährlichen Handel einlassen. Geht das überhaupt? Fest steht: Die meisten Marktteilnehmer wünschen sich keinen gefährlichen Handel, weil sie daraus per saldo mit hoher Wahrscheinlichkeit einen Schaden davontragen. Es liegt also durchaus im Interesse der meisten, nach Möglichkeit selbst dazu beizutragen, das Entstehen eines gefährlichen Handels zu unterbinden. Dazu müsste sich etwas an ihrer Herangehensweise ändern, wie sie das Marktgeschehen beurteilen. Je mehr Einflüssen ein Markt ausgesetzt ist, umso mehr Befähigung zur Beurteilung der Zusammenhänge bräuchten die Marktteilnehmer, wie sie sich, gemessen an ihren individuellen Situationen, ihre besonderen Interessen wahrnehmend auf einem Markt verhalten sollen. Doch daran mangelt es ihnen.

**Bezug zu Seite 25ff.**: Die begrenzte Fähigkeit weniger Menschen, viele zu regieren

## (10)   Alan Greenspan über Lohn- und Preiskontrollen

Alan Greenspan gibt einen Einblick in das Zustandekommen und Scheitern von Lohn- und Preiskontrollen in den Vereinigten Staaten von Amerika unter der Regierung des Präsidenten Richard Nixon:

»*Nachdem Nixon seine Lohn- und Preiskontrollen verhängt hatte, flog ich oft nach Washington, um mich mit Donald Rumsfeld zu treffen, der mit dem Economic Stabilization Program die Behörde leitete, die für deren Umsetzung zuständig war. Rumsfeld leitete außerdem den Cost of Living Council, den Rat für Lebenshaltungskosten, sein Stellvertreter war Richard Cheney. Sie fragten mich um Rat, da ich wusste, wie bestimmte Branchen funktionierten. Doch ich konnte nicht viel mehr tun, als ihnen zu erläutern, welches Problem durch welche Preisfestsetzung entstehen würde. Sie standen vor dem Problem, das immer dann eintrat, wenn man versucht, eine Marktwirtschaft von zentraler Stelle zu planen: Der Markt wird jeden Versuch der Kontrolle hintertreiben. Ein schönes Beispiel ist das Problem der Textilindustrie, das wir einmal erörterten: Wegen der politischen Macht der Bauern gelang es der Regierung nicht, Höchstpreise für Rohbaumwolle durchzusetzen. Also stieg der Preis für Baumwolle. Doch die Regierung verhängte Höchstpreise für versponnene Baumwolle. Auf diese Weise gerieten die Hersteller von Garnen unter Druck, denn ihre Kosten stiegen, während sie ihre Preise nicht erhöhen durften. Die Folge war, dass einige Fabrikanten die Produktion einstellen mussten. Nun klagten die Stoff- und Kleiderfabrikanten, weil es nicht genügend Garn auf dem Markt gab. Rumsfeld fragte mich: ›Was soll ich tun?‹ Und ich antwortete: ›Ganz einfach: Heb den Preis an!‹ Woche für Woche kam es zu ähnlichen Vorfällen, und nach zwei Jahren fiel das gesamte System in sich zusammen. Jahre später erklärte Nixon, die Lohn- und Preiskontrollen seien seine schlechteste politische Entscheidung gewesen. Das Traurige war nur, dass er das die ganze Zeit über wusste. Es handelte sich um puren politischen Opportunismus: Viele Unternehmer hatten angekündigt, sie wollten die Löhne einfrieren, und vielen Kunden gefiel die Vorstellung von stabilen Preisen, also verhängte er die Kontrollen.*«

Greenspan zufolge war Nixon zwar darum bemüht herauszufinden, was viele oder ihm wichtige Wähler/innen vermissten und wonach sie sich besonders sehnten. Denn das Aufgreifen und Erfüllen ihrer Wünsche verbesserte seine Chancen, bei den nächsten Wahlen als Präsident bestätigt zu werden oder zumindest seiner Partei den Wahlsieg zu sichern. Was auch immer die Wünsche der Wähler/innen waren, ist davon auszugehen, dass bei der Erfüllung dieser Wünsche unbeabsichtigte

Nebenwirkungen zu berücksichtigen gewesen wären und Widerstände von anderer Seite hätten überwunden werden müssen. Dazu hätte Nixon einen alle wichtigen Aspekte einbeziehenden Plan gebraucht. Für den Plan und für die aufeinanderfolgenden Schritte seiner Realisierung hätte er komplexe Zusammenhänge auf einem Anspruchsniveau verstehen müssen, das seine Fähigkeiten und diejenigen seiner Gefährten überforderte. So erwies er mal hierhin, mal dorthin Gefälligkeiten, ohne hinreichend zu überblicken, was er damit im Einzelnen bewirkte.

**Bezug zu Seite 27ff.**: Unzulängliche Theorien in der Politik

**(12)   Der Glaube an das Ende des Auf und Ab der britischen Wirtschaft**

Im Jahr 2008 räumt der vom Schatzkanzler zum Premierminister von Großbritannien aufgestiegene Gordon Brown ein, dass seine früher wiederholt vorgetragene Behauptung, er habe das Auf und Ab der britischen Wirtschaft beendet, nicht stimmt:

> »As the UK economy slides into a recession, the Prime Minister has faced growing criticism about the bullish claims he made during several years of economic growth.
>
> Asked if he regretted his repeated claim to have ended the cycle of boom and bust in the economy, Mr. Brown replied: ›Yes. Of course politicians make mistakes and I've got to be honest that we've made mistakes.‹«

Um als Politiker Erfolg zu haben, benötigt Gordon Brown die Unterstützung anderer. Er muss sich zur Wahl stellen und dabei gegen Konkurrenten durchsetzen. Sein Wahlergebnis wird mitbeeinflusst davon, wie er sich selbst und seine bisherigen Leistungen, das, was er tut und vorhat, darstellt. Mit besonders viel Zustimmung kann er rechnen, wenn er beweist, dass er der Ausnahmepolitiker ist, dessen Fähigkeiten diejenigen seiner Rivalen übersteigen.

Gordon Brown stützt sich auf Überlegungen, die Unwägbares hinsichtlich der künftigen Entwicklung der Volkswirtschaft Großbritanniens und der Weltwirtschaft so weit ignorieren, dass er behaupten kann, mit ein paar Eingriffen und Unterlassungen würde die Regierung etwas für viele überwiegend Nachteiliges, das es bis dahin in Volkswirtschaften, die sich durch eine weit entwickelte Arbeitsteilung und marktwirtschaftliche Strukturen auszeichnen, immer wieder gegeben hat, nachhaltig überwinden: »the cycle of boom and bust«; er als maßgeblicher Entscheider beende den Zyklus des Auf und Ab der Volkswirtschaft. Vor Gordon Brown hat dies

noch keiner geschafft. Aber er kann das. Eine Zeit lang entwickeln sich einige volks-
wirtschaftliche Kennzahlen überwiegend positiv. Dies interpretiert er als Beweis für
die Richtigkeit seiner theoretischen Annahmen und sieht sich als Dompteur der
konjunkturellen Zyklen bestätigt. Deshalb sollen die Wähler/innen ihm und seiner
Partei weiterhin vertrauen. Störend ist nur, dass der Tag kommt, den aus historischer
Erfahrung mit Volkswirtschaften, die immer wieder neuen Kombinationen von Einflüssen ausgesetzt sind, eigentlich niemand hat ausschließen können, an dem relevante, in der Theorie unberücksichtigte Aspekte die Oberhand gewinnen und in ein
konjunkturelles Tal führen. Davon werden die Regierung und Teile der Bevölkerung
überrascht. Die Regierung hat die Zeit des konjunkturellen Aufschwungs nur wenig
dazu genutzt, sich auf mögliche Maßnahmen, mit denen die Wirtschaft nun wieder-
belebt werden könnte, vorzubereiten. Einzelne Teilnehmer am Staat haben es eher
nicht für erforderlich gehalten, Geld anzusparen, mit dem sie in der konjunkturell
schwächeren Periode Einkommensausfälle überbrücken könnten.

Wie kommt es, dass Gordon Brown mit seiner Behauptung Jahre lang auf Zustimmung in der Bevölkerung zählen konnte? Kein wirtschaftswissenschaftlicher Experte war in der Lage, mit letzter Gewissheit zu beweisen, dass bestimmte politische
Entscheidungen und Unterlassungen Browns und seiner Regierung nicht den behaupteten Effekt hatten. Außerdem war die Behauptung Browns für Menschen, die eine
stetige Aufwärtsentwicklung einer turbulenten Entwicklung der Volkswirtschaft vor-
ziehen, schön genug, um einfach daran zu glauben. Die meisten freuen sich darüber,
wenn ihnen ein anderer eine Sorge abnimmt und im Gegenzug nichts dafür verlangt.
Mit der bequemen Ausrede, nicht genug von den ökonomischen Zusammenhängen
zu verstehen, konnte jeder Laie in wirtschaftswissenschaftlicher Hinsicht das Hinterfragen der Behauptung unterlassen.

**Bezug zu Seite 101f.**: Religiöses Bedürfnis ohne Anschluss an wissenschaftliches Begreifen des Kosmos – die eigene, einzig wahre Religion – Andersdenkende als Bedrohung – Gefahr für die öffentliche Sicherheit – Option, mit dem *Provisorium* wissenschaftliche und religiöse Deutung der Welt zusammen denken zu können

(22)  **Schlägerei in Jerusalemer Grabeskirche**

Was für eine geringe Bedeutung Meinungsverschiedenheiten in Glaubensfragen haben können, wenn Gläubige verschiedener Konfessionen im Zusammenhang mit religiösen Handlungen und Symbolen in Streit geraten, zeigt ein Bericht des Korrespondenten George G. Szpiro der Neuen Zürcher Zeitung in der Ausgabe vom 11.11.2008 über armenische und griechisch-orthodoxe Mönche in der Jerusalemer Grabeskirche:

*»Wenige Streitigkeiten werden so hitzig ausgefochten wie diejenigen, bei denen es um religiöse Angelegenheiten geht. Dabei machen Hitzköpfe auch vor Zwistigkeiten innerhalb der gleichen Religion keinen Halt. Am vergangenen Sonntag ist es in der Grabeskirche in Jerusalem, einem der heiligsten Orte des Christentums, zu handgreiflichen Auseinandersetzungen zwischen griechisch-orthodoxen und armenischen Mönchen gekommen ...*

*Zu dem Streit kam es, als armenische Geistliche eine alljährliche Prozession durch die Grabeskirche begannen, die im Gedenken an den angeblichen Fund des Kreuzes im vierten Jahrhundert veranstaltet wird. Die griechisch-orthodoxe Gemeinschaft beharrte auf ihrem Recht, während der Prozession einen Beobachter in dem Schrein zu postieren, der sich über dem angeblichen Grab Jesu befindet. Die Armenier bestreiten jedoch dieses Recht und weigerten sich, den Beobachter zuzulassen. Daraufhin blockierten die Griechisch-Orthodoxen den Umzug, und es kam zu einer wüsten Schlägerei. Sechs christliche Strömungen teilen sich die Kontrolle über die Grabeskirche ... Die Priester und Mönche dieser Glaubensgemeinschaften wachen eifersüchtig über ihre Parzellen und Vorrechte, auch wenn sie noch so unwichtig scheinen und bloss symbolische Bedeutung haben. ...*

*Seit Jahrhunderten kommt es schon bei den kleinsten Überschreitungen des Status quo zu Auseinandersetzungen. ...*

*Israelische Behörden weisen zwar seit langem warnend darauf hin, dass das uralte Gemäuer im Falle eines Feuerausbruchs zu einer Falle für die darin versammelten Gläubigen werden könnte, doch Pläne zur Einrichtung eines Notausgangs aus der Grabeskirche sind bisher an den internen Zwistigkeiten gescheitert.«*

Literaturhinweise

(1)  Roman Herzog: Zukunft bauen – Erziehung und Bildung für das 21. Jahrhundert; Stuttgart 1998; S. 176

(2)  Das unabhängige Diabetes-Portal; Amputationen lösen die Probleme nicht; Pressemitteilung der Orthopädischen Universitätsklinik Heidelberg; 20.8.2008 (im Anhang)

(3)  »Wir haben klar versagt« – Auszüge aus einem Interview , das von Frank Pöpsel und Markus Voss mit Herbert Walter geführt wurde; Focus Money Nr. 49; 25.11.2009 (im Anhang)

(4)  Carsten Dierig: Lebensmittelkontrolleure finden keinen Nachwuchs – Experte begründet den Mangel an amtlichen Prüfern mit fehlenden Anreizen; Welt online 8.1.2011 (im Anhang)

(5)  Risikoreiche Entscheidungen verursachten Ölpest – Untersuchungsbericht warnt vor Wiederholung von »Deepwater Horizon«-Katastrophe; (sda / Reuters); NZZ online 6.1.2011 (im Anhang)

(6)  Alan Greenspan: Mein Leben für die Wirtschaft; Frankfurt 2007; S. 529 (im Anhang)

(7)  Alan Greenspan: Mein Leben für die Wirtschaft; Frankfurt 2007; S. 529f. (im Anhang)

(8)  Alan Greenspan: Mein Leben für die Wirtschaft; Frankfurt 2007; S. 542

(9)  Alan Greenspan: Mein Leben für die Wirtschaft; Frankfurt 2007; S. 544

(10) Alan Greenspan: Mein Leben für die Wirtschaft; Frankfurt 2007; S. 81f. (im Anhang)

(11) Im Gespräch: Robert Shiller; »Die nächsten fünf Jahre werden enttäuschend«; das Gespräch führte Lisa Nienhaus; FAZ.NET 30.8.2009

(12) James Kirkup: »Gordon Brown admits he was wrong to claim he had ended ›boom and bust‹«; Telegraph 21.11.2008 (im Anhang)

(13) George W. Bush zitiert in: »Irak-Krieg – Bush gesteht Fehler ein«; FAZ.NET mit Material von Reuters; 15.12.2005

(14) Barack Obama in einer Rede zur Lage der Nation am 1.9.2010; zitiert aus dem Artikel: »Obama will Kriegskosten kürzen und in Wirtschaft investieren«; dpa-AFX; FAZ.NET 1.9.2010

(15) Peter Struck in n-tv.de – Dossier – »›Konzentration aufs Militär war ein Fehler‹ – Struck auf Abschiedstour«; Kristina Dunz, dpa; 4.6.2009

(16) Angela Merkel zitiert aus: »Bekenntnisse zum Afghanistan-Einsatz – Kanzlerin Merkel und der SPD-Vorsitzende Gabriel reden vor dem Bundestag in Berlin«; Joachim Riecker; Neue Zürcher Zeitung 23.4.2010

(17) Wolfgang Frühwald: Betrug in der Wissenschaft; Bild der Wissenschaft 1.9.1999

(18) Ralf Dahrendorf: Auf der Suche nach einer neuen Ordnung – Vorlesungen zur Politik der Freiheit im 21. Jahrhundert; München 2003; S.54

(19) Ludwig Erhard: Wohlstand für alle; Düsseldorf 1990; S. 262

(20) Hans Tietmeyer: Die Soziale Marktwirtschaft erneuern – Kapitel II: Jahrzehnte-lange Fehlentwicklungen; Initiative Neue Soziale Marktwirtschaft INSM

(21) Friedrich August von Hayek: Der Weg zur Knechtschaft; München 1994; S. 75

(22) George G. Szpiro: »Wüste Schlägerei in Jerusalemer Grabeskirche – Armenische und griechisch-orthodoxe Mönche geraten sich in die Haare«; Neue Zürcher Zeitung 11.11.2008 (im Anhang)

(23) Hermann Scheer: Die Politiker; München 2003; S. 165f.

(24) Alan Greenspan: Mein Leben für die Wirtschaft; Frankfurt 2007; S. 542

---

Auch von Bernhard Mosler erhältlich:

# Das Einzigartige
# weg vom Einen

Dreh- und Angelpunkt
für umsichtigen Egoismus
in der global vernetzten Welt

ISBN 3-8334-4196-8